중앙books

# 우리 아이 키·체력·집중력 높여주는 필라테스, 지금 시작하세요!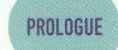

'굳이 어린아이가 필라테스를 할 필요가 있나?'라는 질문을 많이 받았습니다. 하지만 필라테스의 효과가 척추 교정 및 코어 근육 강화 등에 특화되어 있다는 점을 고려하면 필라테스가 성장기 아이들에게도 좋은 운동이 될 수 있음을 알 수 있습니다. 필라테스 창시자 조셉 필라테스 또한 아동을 제일 먼저 교육해야 한다는 신념을 가지고 있었지요.

> "아동기의 습관은 좋은 방향이든 나쁜 방향이든 쉽게 형성된다. 그런데, 왜 우리는 좋은 습관 형성에 집중하지 못하는가? 우리가 좋은 습관의 형성에 집중하면, 나중에 나쁜 습관을 교정하고, 그것을 좋은 습관으로 대체해 주는 시도를 하지 않아도 된다."  – PILATES, 1934

이 명언에 영감을 받아, 당시 다섯 살 난 제 딸에게 직접 필라테스를 가르치기 시작했습니다. 아이의 첫 운동 수업이었지요. 다행히 아이는 배움을 즐거워하며 금세 수업에 몰입하는 모습을 보였습니다. 아이는 엄마에게 필라테스를 배운 것이 꽤나 재미있었는지 이 지극히 사적인 키즈 필라테스 수업은 곧 딸 친구들에게 소문이 나기 시작했고, 점점 더 많은 아이들을 가르치게 되었습니다.

필라테스를 배운 아이들은 다양한 변화를 보였어요. 척추가 바르게 정렬되고 전신의 근력이 향상되어 바른 자세를 갖게 되었고, 척추측만증으로 고생하던 아이의 척추 측만 각도가 감소하고 통증이 완화되었습니다. 나아가 종합 운동 능력이 향상되어 달리기 실력이 좋아지고 다른 스포츠 종목에서 두드러진 성과를 보인 아이들도 있었습니다.

물론 그중 가장 눈에 띄는 변화는 단연 '키'였습니다. 필라테스를 배우는 아이들의 키가 쑥쑥 자라는 것이 느껴졌어요. 이후 키 성장 효과를 확인하기 위해 매달 센터 아이들의 키를 기록하기 시작했습니다. 결과는 놀라웠습니다. 아이들 중 상당수가 1년에 8cm 이상 자라고 있었으니까요. 아동 연평균 키 성장 수치가 4~7cm임을 생각하면 1년에 8cm 성장은 주목할 만한 수치입니다.

또한 필라테스로 아이들의 자세와 체력이 좋아지니 이게 곧 집중력과 소위 '엉덩이힘'이라 불리는 학습 체력도 좋아졌습니다. 이러한 사실을 확인하니 더 많은 아이들에게 필라테스의 효과를 경험하게 해야겠다는 사명감이 들었습니다. 키즈 전문 필라테스 센터 '필라티즈(Pilateez)'를 설립하여 본격적으로 키즈 필라테스를 연구하게 되었지요.

수많은 필라테스 동작들 중 아이들의 몸에 적합한 동작을 선별하고 위험한 동작은 배제했습니다. 그리고 모든 동작들을 아동들의 신체 자각 및 인지 발달의 통합에 도움이 될 수 있도록 설계했어요. 아이들은 기본 동작을 배우고, 그것을 응용한 동작을 익히며 신체뿐만 아니라 사고를 발전시키고 확장시킬 수 있습니다. 딱딱하고 장황한 설명 대신 유아도 쉽게 이해할 수 있고 흥미로워하는 언어로 동작을 풀이한 것도 키즈 필라테스의 특징입니다.

무엇보다 아이가 집에서도 부상 없이 쉽고 재미있게 필라테스를 시작할 수 있도록 1만 명 이상의 아이들을 가르치며 쌓아온 사례와 노하우를 모두 담은 것이 이 책의 가장 큰 특징입니다.

초고를 집필하기 시작했던 2021년만 해도 유아·아동·청소년들에게 필라테스를 가르친다는 것은 생소한 일이었지만, 최근에는 성인 필라테스만큼 키즈 필라테스의 인기도 많아지면서 하나의 트렌드로 자리 잡아가고 있습니다.

오늘부터 우리 아이와 함께 키즈 필라테스를 시작해보세요. 아이의 키가 쑥쑥 자라는 것은 물론 자세가 바르게 교정되고, 체력과 집중력, 학습력까지 좋아지는 모습을 볼 수 있을 거예요. 이미 수많은 아이들을 통해 입증된 이 놀라운 변화를 당신의 소중한 아이도 꼭 경험할 수 있기를 바랍니다.

은지선

CONTENTS

PROLOGUE                                                    002

PART 1 | 1년에 8cm!
우리 아이도 클 수 있다

필라테스로 우리 아이도 길쭉길쭉 늘씬하게                    010
척추를 바로 세우면 우리 아이 키가 쑥쑥 자라요                012
코어 근육을 키우면 척추가 튼튼하게 자라요                   014
바른 자세를 배우면 우리 아이 체형이 예뻐져요                016
　· 바르게 서는 법을 배워봐요                              018
　· 바르게 앉는 법을 배워봐요                              026
키즈 필라테스, 이런 효과도 있어요                           032
집에서도 안전하고, 재미있게! 홈 필라테스 티칭 가이드         036
키즈 필라테스, 시작 전에 꼭 확인하세요                      040

# PART 2 | 필라테스 기본 동작 43

### LEVEL 0　우리 아이 필라테스와 친해지기

| 01 | 영재 숨쉬기 | 046 |
| 02 | 어깨 가위바위보 | 052 |
| 03 | 까치 & 까마귀 | 056 |
| 04 | 김밥말이 | 060 |
| 05 | 모래 요정 | 064 |
| 06 | 고개 촛불 | 068 |
| 07 | 팔 페인팅 | 072 |
| 08 | 골반 댄스 | 076 |
| 09 | 허리 무지개 | 080 |
| 10 | 등 무지개 | 084 |
| 11 | 척추 오르골 | 088 |
| 12 | 스케이팅 & 얼음 낚시 | 090 |
| 13 | 척추 인사 | 094 |
| 14 | 하늘에 별 달기 | 098 |
| 15 | 다리 색종이 접기 | 102 |
| 16 | 솜사탕 | 106 |
| 17 | 지구 히어로 | 112 |
| 18 | 척추 로켓 준비 | 116 |
| 19 | 택배 상자 | 118 |

## 우리 아이 유연성 기르기

| | | |
|---|---|---|
| 20 | 우리 동네 무지개 | 122 |
| 21 | 허수아비 | 126 |
| 22 | 땅 다지기 | 130 |
| 23 | 1층 바닥 공사 | 132 |
| 24 | 척추는 내 거야! | 134 |
| 25 | 척추 공 굴리기 | 138 |
| 26 | 척추 브릿지 | 142 |
| 27 | 솜사탕 롤리팝 | 146 |
| 28 | 척추 로켓 발사 | 150 |
| 29 | 택배 상자 배송 | 152 |

## 우리 아이 척추 운동 능력 기르기

| | | |
|---|---|---|
| 30 | 한라산 무지개 | 156 |
| 31 | 척추 브릿지 테스트 | 160 |
| 32 | 척추 공 드리블 | 164 |
| 33 | 꼬마 빌딩 | 168 |
| 34 | 아기 새 알깨기 | 170 |
| 35 | 개구리 점프 | 172 |
| 36 | 우리 집 식탁 | 176 |

 **LEVEL 3　우리 아이 코어 근육 강화하기**

| | | |
|---|---|---|
| 37 | 다리 피자 | 180 |
| 38 | 허수아비 방어 | 182 |
| 39 | 척추 브릿지 조명 달기 | 186 |
| 40 | 조개 구이 | 192 |
| 41 | 수영 선수 | 196 |
| 42 | 택배 영국 배송 | 200 |
| 43 | 아기 새 100번 날갯짓 | 204 |

## PART 3 | 하루 10분 프로그램

| | |
|---|---|
| 거북목 개선하고 곧은 어깨 만드는 하루 10분 필라테스 | 210 |
| 성장통 없애고 일자 다리 만드는 하루 10분 필라테스 | 216 |
| 굽은 등 펴고 바른 허리 만드는 하루 10분 필라테스 | 222 |
| 비뚤어진 골반 바로잡고 예쁜 체형 만드는 하루 10분 필라테스 | 228 |
| 키 쑥쑥 키우고 튼튼 코어 만드는 하루 10분 필라테스 | 232 |

**8cm**

## PART 01

# 1년에 8CM!
# 우리 아이도
# 클 수 있다

척추와 다리뼈를 곧고 바른 모양으로 자라나게 하고, 그 뼈를 지탱하는 근육들을 단련시키는 필라테스야말로 키 성장에 최적화된 운동입니다. 파트 1에서는 아동 맞춤으로 설계된 키즈 필라테스의 장점부터 필라테스로 키를 키운 다양한 실제 사례, 키 성장의 필수요소인 바르게 서고 앉는 방법을 소개합니다. 필라테스를 시작하기 전, 아이와 함께 꼼꼼히 읽어보세요.

# 필라테스로 우리 아이도
# 길쭉길쭉 늘씬하게

### 우리 아이 키 180cm, 167cm 될 수 있을까?

남자아이를 키우는 부모라면 내심 우리 아들이 '180cm 되는 훈훈한 청년으로 자라났으면' 하는 바람이 있을 거예요. 딸 가진 부모님도 별반 다르지 않지요. 우리 아이가 TV 속 연예인처럼 길쭉길쭉 늘씬하게 자라는 것은 모든 엄마, 아빠의 바람입니다.

유전을 제외하고 키 성장에 가장 큰 영향을 미치는 것은 균형 잡힌 영양 섭취와 수면 그리고 적당한 운동입니다. 많은 부모님들이 매일 아이들에게 우유와 영양제를 먹이고, 일찍 자라고 잔소리할 거예요. 하지만 운동은 어떠한가요?

아이들 키는 척추와 다리뼈 성장과 아주 밀접한 관련이 있습니다. 다리뼈와 척추가 곧게 자라고, 그 뼈 주변 근육들도 함께 자라 뼈들을 튼튼하게 지지해야 우리 아이가 예쁘고 바른 체형으로 자랍니다. 이 조건만 충족되면 많은 아이들이 괴로워하는 성장통도 훨씬 줄어들어요.

충분한 영양과 수면은 아이들의 뼈를 자라게 하는 데 도움이 됩니다. 하지만 뼈를 지탱해주는 근육을 단련시킬 방법은 운동밖에 없습니다. 그 사실을 아는 부모님들은 아이들에게 줄넘기, 트램펄린, 농구 등의 운동을 시킵니다. 하지만 주의해야 할 점이 있습니다. 높이 점프하는 운동은 하체 근기능이 약한 아이들에게 오히려 신체적인 피로와 스트레스를 증가시킬 수 있어요. 성장호르몬이 키 성장이 아니라 다리와 허리 근육에 쌓인 피로를 풀기 위해 사용될 수도 있지요. 특히 다리가 휘거나 과체중인 아이의 경우 이런 운동을 쉽게 시켰다가는 관절에 무리가 생기면서 성장판이 손상되는 경우도 발생합니다.

### 키 성장에 최적화된 운동, 필라테스

아이들 키 성장에 최적화된 운동은 따로 있습니다. 바로 '필라테스'입니다. 필라테스는 제2차 세계대전 도중 부상으로 오랜 시간 병상에 누워 있던 군인들을 다시 걷게 하기 위해 만들어진 운동입니다. 척추와 다리뼈를 바르게 정렬하고 코어 기능을 향상시키는 것이 필라테스의 궁극적인 운동 목표이자 효과이지요. 그리고 이 효과는 성장기 아이들에게도 동일하게 적용됩니다. 아이들의 척추와 다리뼈를 바르게 자라나게 하고, 그 뼈를 지탱하는 근육을 단련시키며, 코어 기능을 향상해 키 성장을 돕고 바른 체형으로 만들어줍니다. 또한 아이 개별 체형과 상황에 맞게 운동 강도와 횟수를 조절할 수 있기 때문에 부상의 염려도 거의 없지요. 필라테스로 기초체력과 종합 운동능력을 탄탄하게 키워놓으면 이후 농구나 줄넘기 등의 운동도 부작용 없이 잘 따라 할 수 있어요.

### 우리 아이도 1년에 8cm는 거뜬히 키울 수 있다

하지만 아무리 필라테스가 좋은 운동이라고 해도 성인의 운동 방법을 그대로 따라 할 수는 없습니다. 일반적으로 알려져 있는 필라테스는 성인의 신체와 인지에 맞게 설계되어 있기 때문이지요. 날마다 뼈와 근육이 자라나는 아이들에게는 아이들 맞춤 필라테스 운동법이 필요합니다. 무엇보다 어른들의 수준에 맞춘 어려운 용어와 장황한 설명은 아이들의 흥미를 끌지 못합니다.

이 모든 문제점을 해결하는 것이 바로 아동 맞춤 필라테스, 키즈 필라테스입니다. 이 책에 1,000명 이상의 유아, 어린이, 청소년을 가르쳐온 경험과 노하우를 모두 담아 키 성장에 도움이 되는 필라테스 43가지 기본 동작들을 집에서도 부상 없이, 재미있게 익힐 수 있습니다. 모든 동작은 유아도 쏙쏙 이해될 만큼 쉽고 재미난 동작 이름과 아동발달관점에서 정서 발달에 도움이 될 만한 언어로 풀이되었기 때문에 부모님이 아이에게 읽어주며 가르쳐주어도 좋고, 부모님과 아이가 함께 배워도 좋아요.

아이의 키를 키우려면 초등학교 시기를 놓쳐서는 안됩니다. 물론 아이가 가장 많이 자라는 때는 사춘기 시기예요. 하지만 사춘기는 고작 2~3년으로 순식간에 지나가죠. 사춘기가 오기 전인 초등 시기부터 필라테스로 곧은 척추 정렬과 바른 자세를 만들고, 꾸준히 성장판을 자극하면 우리 아이 평생 키가 달라집니다. 이미 직접 지도한 아이들의 수많은 성장 기록 데이터로 확인했습니다. 오늘부터 키즈 필라테스 시작하세요. 우리 아이도 1년에 8cm 거뜬히 키울 수 있습니다.

# 척추를 바로 세우면
# 우리 아이 키가 쑥쑥 자라요

## 키가 큰다? = 척추뼈가 자란다!

척추는 목부터 등, 허리, 엉덩이, 꼬리뼈에 이르며 사람의 주요 골격을 유지하게 하는 몸에서 가장 크고 중요한 뼈입니다. 우리는 갓난아기 때 처음 목을 가누며 척추 세우는 법을 익히고, 돌 즈음에는 몸무게를 지탱하며 서고 걷는 방법을 배우지요. '키가 큰다, 자란다'라고 말할 때 실제로 가장 크게 관여하는 뼈가 바로 이 척추예요.

척추는 7개의 목뼈, 12개의 등뼈, 5개의 허리뼈, 5개의 엉치뼈, 4개의 꼬리뼈로 연결되어 있습니다. 뒷목부터 등과 허리를 따라 손으로 훑어 내려가다 보면 쉽게 만질 수 있어요. 우리가 상체를 앞으로, 뒤로, 옆으로 자유롭게 젖힐 수 있는 것은 여러 개의 척추뼈들이 마디마디 연결되어 있기 때문이지요. 이 뼈들이 곧게 자라고 바른 정렬을 유지할 때 비로소 최대한의 키 성장을 기대할 수 있습니다.

## 키 크려면 틀어진 척추부터 바로잡아라

만약 우리 아이의 몸통이 한쪽으로 기운 듯한 모습을 보이거나 양쪽 어깨 높이가 다르다면 척추가 옆으로 휘는 '척추측만증(척추 옆굽음증)'을 의심해봐야 합니다.

척추측만증은 소아나 청소년기(특히 초등학교 시기)에 발생빈도가 높은 허리 질환입니다. 아이들의 경우 성인보다 뼈가 유연하기 때문에 한쪽으로 굽거나 치우치기 쉽거든요. 특히나 요즘 아이들은 성인만큼이나 의자에 앉아 있는 시간이 길고, 컴퓨터나 스마트폰, 태블릿PC 사용 시간도 길어 환경적으로 좋지 않습니다.

곧게 자라야 할 척추가 휘어지니 체형과 키 성장에 악영향을 끼치는 것은 당연한 결과입니다. 척추측만증은 초기에 발견해 척추뼈와 관절을 정상적인 형태와 정렬로 교정하는 것이 좋지만, 문제는 초기 증상이 없어 발견하지 못하고 방치하는 경우가 많다는 겁니다.

이 책에서는 척추뼈를 바르게 정렬하고, 그 주변 근육들을 단련해 척추측만증을 예방하거나 교정하는 데 도움이 되는 많은 동작들을 소개하고 있습니다. 매일매일 하루 10분이라도 시간을 내 아이와 함께해보세요. 아이의 척추를 곧고 바르게 세울 수 있습니다.

## 굽은 등과 자세를 교정하니 8개월간 8cm나 자란 초5 여아

평소에 스마트폰을 오래 하고, 소파에 누워 있길 좋아하는 초5 여자아이가 있었습니다. 아이는 등이 구부정하며 상체가 오른쪽으로 기울어진 모습이었고 종종 어깨 통증을 호소했지요. 게다가 생리를 곧 시작할 것 같아 앞으로 성장이 더뎌지지는 않을지 걱정이라고 했어요.

등이 구부정하고 상체가 한쪽으로 기울었다는 것은 이미 아이의 척추뼈 정렬이 틀어져 있다는 것을 의미해요. 이런 경우 다시 아이의 성장 속도를 높이려면 척추를 바로 세워야 합니다.

아이는 필라테스를 통해 틀어진 척추를 바르게 정렬하는 동작들을 배웠어요. 더불어 바른 자세를 배우고 평소에 꾸준히 실천할 수 있게 노력했지요. 그 결과 아이는 곧고 바른 몸과 자세를 가지게 되었고 8개월 동안 키도 8cm나 자랐습니다.

지금 아이의 몸을 정면에서 유심히 살펴보세요. 우리 아이 몸의 좌우 대칭이 맞는지, 몸이 한쪽으로 틀어진 곳은 없는지 말이에요. 균형이 맞지 않는 곳이 있다면 지금 바로 키즈 필라테스를 시작해야 합니다. 그렇지 않다고 해도 키즈 필라테스를 미리 시작하면 척추측만증을 예방하고 아이의 키를 훨칠하게 키우는 데 도움을 받을 수 있어요.

### 척추 교정에 효과적인 동작들

| | | | |
|---|---|---|---|
| 척추 오르골 | p.088 | 척추는 내 거야! | p.134 |
| 척추 인사 | p.094 | 척추 공 굴리기 | p.138 |
| 척추 로켓 준비 | p.116 | 척추 브릿지 | p.142 |
| 우리 동네 무지개 | p.122 | 척추 로켓 발사 | p.150 |
| 허수아비 | p.126 | 허수아비 방어 | p.182 |

# 코어 근육을 키우면 척추가 튼튼하게 자라요

## 코어 근육은 척추를 지키는 군대

코어란 몸의 중심부(Core)인 척추, 배, 골반 등을 지탱하는 근육을 말합니다. 일반적으로 등, 복부, 골반 부위의 근육을 코어 근육이라 일컫지요. 척추 주변에서 뼈를 단단하게 지지하는 근육인 만큼 코어 근육을 잘 강화시켜두면 나이가 들어도 곧은 자세를 가질 수 있습니다. 필라테스가 다른 운동과 가장 크게 차별화되는 점이라고 하면 바로 이 코어 근육을 강화시키는 데 최적화된 운동이라는 점이지요.

코어 근육은 아이들 키 성장에도 빼놓을 수 없는 요소입니다. 척추가 자랄 때 코어 근육이 척추를 단단히 잡아주지 못하면 뼈는 더 이상 자랄 힘을 받지 못하게 되거든요. 그래서 성인만큼이나 아이들도 코어 근육을 키우는 데 힘써야 합니다.

아이들이 코어 근육을 잘 단련시켜 놓으면, 키 성장에 도움이 될 뿐만 아니라 바른 자세를 가질 수 있고, 팔다리의 움직임과 기능도 향상돼 튼튼한 팔다리를 가질 수 있습니다.

## 코어 근육 강화는 숨쉬기부터

가장 중요한 코어 근육은 폐와 척추를 둘러싼 근육들입니다. 위로는 폐, 아래로는 골반, 앞으로는 배, 뒤로는 등, 척추뼈를 사방으로 감싸고 있지요. 이 근육들은 모두 우리가 숨을 내쉬고 들이마실 때 작용하는 근육이기도 합니다. 그래서 필라테스에서는 호흡을 무척 강조합니다. 숨쉬기 방법을 제대로 익히면 필라테스의 운동 효과 또한 최대한 누릴 수 있을 뿐만 아니라, 평상시에 꾸준히 실천만 해도 코어 근육을 상당히 발달시킬 수 있어요.

이 책에서도 키즈 필라테스의 첫 단계로 5가지 호흡법을 배웁니다. 아이들이 쉽고 재미있게 따라 할 수 있는 언어로 설명하였으니 아이와 함께 필라테스 호흡을 배우며 코어 근육을 튼튼하게 만들어보세요.

### 코어 근육을 키우자 1년간 10cm나 자란 초3 남아

성장 속도가 더뎌 고민인 초3 남자아이가 있었습니다. 아이는 유아기 때 또래보다 머리 하나 정도 컸다고 해요. 그런데 키가 점점 더디게 자라기 시작했지요. 부모님은 아이의 키 성장이 곧 멈추어 버릴까 걱정이 이만저만이 아니었어요. 아이는 허리나 목, 어깨의 통증도 호소하고 있었습니다.

잠깐 건물 짓는 모습을 떠올려볼까요? 건물을 지을 때는 철근으로 뼈대를 세우고 콘크리트를 더하게 됩니다. 철근과 콘크리트는 서로를 지탱하며 건물을 튼튼하게 유지하지요. 사람의 몸에 비유해보자면, 지금 아이의 몸은 철근만 홀로 쑥 자란 것과 같아요. 철근을 지지해주는 콘크리트는 턱없이 부족한 상황입니다. 당연히 통증이 생길 수밖에 없어요. 이때 코어 근육들이 척추를 제대로 받쳐주지 못하면, 척추는 더 이상 쑥쑥 자라지 않습니다.

1년 동안 아이는 키즈 필라테스로 코어 근육을 강화했습니다. 그 결과 키가 다시 빠른 속도로 커져 12개월간 10cm나 자랐어요. 척추 주변 근육이 뼈를 탄탄하게 잡아주었기 때문에 뼈도 계속 자랄 수 있었을 겁니다. 이렇듯 코어 근육은 척추뼈 성장과 떼려야 뗄 수 없는 관계입니다. 혹시 우리 아이도 잘 크다가 갑자기 성장 속도가 느려졌다면 코어 근육이 잘 받쳐주고 있는지 확인하는 것이 좋아요.

#### 코어 근육 강화에 효과적인 동작들

| | | | |
|---|---|---|---|
| 솜사탕 | p.106 | 택배 상자 배송 | p.152 |
| 지구 히어로 | p.112 | 아기 새 알깨기 | p.170 |
| 택배 상자 | p.118 | 우리 집 식탁 | p.176 |
| 솜사탕 롤리팝 | p.146 | 택배 영국 배송 | p.200 |

# 바른 자세를 배우면
# 우리 아이 체형이 예뻐져요

### 진짜 바른 자세는 배워야 알 수 있어요

많은 엄마, 아빠들이 아이의 구부정한 자세를 지적합니다. 하지만 막상 부모님에게 바르게 앉거나 서는 방법을 물어봤을 때 정답을 이야기하는 분은 거의 없습니다. 엄마, 아빠조차 바른 자세를 배워본 적이 없으니까요.

바른 자세란 생각보다 쉬운 일이 아닙니다. 앞서 이야기했듯 척추가 올바른 정렬로 곧게 자라고, 그 옆의 코어 근육들이 척추를 튼튼하게 지지해줘야 합니다. 뼈와 근육이 조화롭게 기능해야 하지요.

하지만 성인과 달리 아이들의 뼈와 근육은 아직 성장하고 있는 미성숙한 상태입니다. 게다가 아이들이 오랫동안 머무는 학교와 학원은 대부분 나무나 플라스틱으로 된 딱딱한 의자를 사용하고 있지요. 따라서 유아부터 청소년에 이르는 아이들이 바른 자세를 만들고 그것을 계속 유지하는 것은 어른보다 훨씬 어렵습니다.

그나마 다행인 것은 아이들은 배우고 변화하는 속도가 빠르다는 점입니다. 비록 몸은 성장 과정에 있지만 어른보다 훨씬 더 빠르게 바른 자세를 받아들이고, 그것을 습관으로 바꿔나갈 수 있어요.

바로 뒤 페이지에서 바르게 앉고 서는 법 p.18을 배울 수 있습니다. 또한 이 책을 따라 하는 동안 바른 자세를 꾸준히 익히게 될 겁니다. 부지런히 연습하다 보면 의식하지 않고도 바른 자세를 할 수 있는 날이 올 거예요.

### 바르게 앉고 서면 체형이 예뻐져요

아기는 발바닥에 아치가 하나도 없는 오동통한 모습으로 태어납니다. 누워 있던 아기가 기고, 걷기 시작하면서 발바닥과 다리 근육을 사용하게 되고, 다리의 뼈가 자라나며 무릎이 정면을 향해 펴지게 되지요. 평편했던 발에 아치가 생기며 다리와 발의 모양이 점차 성인과 비슷하게 성장합니다. 이러한 변화는 통상 6~9세 사이에 이루어진다고 봅니다.

이 시기 아이를 바르게 서게 했을 때 아이의 무릎이 정면이 아닌 바깥이나 안쪽을 보고, 발가락이 안으로 모이거나 밖으로 벌어진 모습을 보인다면 아이의 다리 정렬이 바르지 않은 상태입니다. 그 상태가 개선되지 않으면 일자로 쭉 뻗은 다리를 갖기 어렵습니다.

아이들은 생각보다 빨리 곧은 다리 모양에 대한 희망을 표현합니다. 여자아이의 경우 유치원생만 되어도 거울을 보며 '나 다리가 안 예뻐서 치마는 못 입겠어'라고 말하는 경우가 생기죠. 남자아이의 경우 미적인 문제는 아니지만 다리가 바깥으로 툭툭 벌어져 '쩍벌남'이 되는 것을 부끄러워합니다. 다행히 이 모든 문제는 바르게 앉고 서는 법을 배우고 연습하며 해결할 수 있습니다.

우리 아이가 항상 구부정한 자세로 앉아 있어 매일 잔소리하고 있다면 혹은 우리 아이도 TV 속 연예인처럼 곧고 예쁜 체형으로 만들고 싶다면, 바르게 앉고 서는 방법부터 정확히 알려주세요.

처음엔 뼈와 근육이 미숙해 바른 자세를 만들기가 힘들더라도, 계속해서 인지하고 노력하다 보면 자연스럽게 바른 자세를 위한 주변 근육들이 발달합니다. 바른 자세를 실천하며 뼈와 관절을 감싼 근육을 단련하면 어깨와 등, 허리는 곧게 펴지고 다리는 일자로 쭉 뻗어 우리 아이도 곧고 예쁜 체형으로 자랄 거예요.

# 바르게 서는 법을 배워봐요

###  1단계
## 옆에서 아이가 선 모습을 관찰해보세요

바르게 선 자세란 복숭아뼈-골반-어깨-귀가 일직선상에 있도록 곧게 몸을 펴고 서 있는 상태를 말합니다. 아이에게 평소처럼 서보라고 한 뒤 옆 모습을 보며 아래 체크리스트를 확인해보세요.

CHECK LIST

☐ 귀가 어깨 위에 있나요?

☐ 어깨가 골반 위에 있나요?

☐ 골반이 복숭아뼈 위에 있나요?

☐ 시선이 바닥이나 위가 아닌 정면을 보고 있나요?

☐ 몸통 전체가 앞이나 뒤로 기울지 않고 똑바로 서 있나요?

☐ 손등이 앞으로 돌아가지 않고 옆을 향하고 있나요?

● **이런 자세는 안 돼요!**

❶ **목과 어깨가 앞으로 굽어 있는 자세**
고개와 목이 어깨보다 앞으로 나와 있어서 시선이 정면이 아닌 바닥을 향해 있고, 어깨를 만졌을 때나 보았을 때 앞으로 말려 있는 자세예요. 이 자세를 교정하지 않고 방치하면 결국 등까지 굽는 증상으로 발전할 수 있습니다. 척추 전체가 굽게 되는 것이지요. 따라서 조기에 발견해 바른 자세로 교정하는 것이 중요합니다.

| 목과 어깨 교정에 도움이 되는 동작들 | | | |
|---|---|---|---|
| 어깨 가위바위보 | p.052 | 고개 촛불 | p.068 |
| 김밥말이 | p.060 | 팔 페인팅 | p.072 |

**❷ 허리가 꺾이고 골반이 앞으로 기운 자세**

골반이 앞으로 쏟아질 듯 기울어서 배가 앞으로 볼록 튀어나오고 허리가 앞으로 과하게 꺾여 보이는 자세예요. 다만 유아부터 초등 저학년 시기의 아이라면 자연스러운 성장 발달과정으로 사진같이 배를 앞으로 내미는 자세를 취할 수 있습니다. 이러한 자세는 9~12세쯤 척추가 자라며 사라지거나 감소합니다. 이 연령이 지났음에도 골반이 앞으로 기울어져 배를 내밀고 있다면 교정이 필요합니다.

   이 자세를 교정하지 않으면 흉추가 정상만곡을 그리지 않고 널빤지처럼 과하게 펴지는 증상으로 발전할 수 있습니다. 그렇게 되면 아이의 체중이 늘어남에 따라 허리와 등의 통증을 호소하게 될 확률이 높습니다.

● **골반 교정에 도움이 되는 동작들**

| | | | |
|---|---|---|---|
| 골반 댄스 | p.076 | 땅 다지기 | p.130 |
| 다리 색종이 접기 | p.102 | 1층 바닥 공사 | p.132 |

## 앞에서 아이가 선 모습을 관찰해보세요

바르게 선 자세란 두 발과 발바닥이 모두 땅에 잘 닿아 있고, 두 무릎과 골반, 고개가 정면을 바라보는 상태예요. 이때 양쪽 골반과 어깨의 높이가 다르지 않은지 확인해보세요. 아이가 거울을 보며 스스로 관찰하면 더 좋아요.

CHECK LIST

- □ 고개가 정면을 향해 있나요?
- □ 양쪽 어깨 높이에 차이는 없나요?
- □ 상체가 한쪽으로 기울지 않고 중간에 있나요?
- □ 한쪽 다리에 무게를 더 싣고 기대듯이 서 있지 않나요?
- □ 두 무릎이 안쪽이나 바깥쪽으로 향하지 않고 정면을 보고 있나요?
- □ 두 발바닥과 모든 발가락이 땅에 잘 닿아 있나요?
- □ 두 발이 11자 모양으로 두 번째 발가락이 정면을 보고 있나요?

● **이런 자세는 안 돼요!**

**무릎이 안으로 모인 X자 다리에 발 아치가 무너져 발바닥 전체가 땅에 닿아 있는 자세**

적절한 시기에 아이의 발바닥에 아치가 바르게 형성되지 않으면 발바닥 전체가 무너지거나 더 나아가 무지외반증 등으로 발전할 수 있습니다.

  이 자세가 교정되지 않고 정렬이 틀어진 채 다리뼈가 계속 자라면, 키가 커질수록 그 틀어짐은 더욱 강해져 눈에 두드러지게 보입니다. 체중이 늘어나는 청소년 시기가 되면 오래 걷기 힘들어 한다든가 점프하고 뛰면 발바닥, 무릎, 발목 등에 통증을 호소하게 되지요. 또한 틀어진 다리 정렬이 성장통을 유발해 심한 경우 진통제를 복용해야만 잠을 이룰 수도 있습니다.

## 3단계
## 바른 다리와 발 모양에 도움이 되는 동작을 연습해요!

바른 다리 자세와 발 모양에 도움되는 동작을 매일 5~10회 반복 연습해요.

| | | | |
|---|---|---|---|
| 하늘에 별 달기 | p.098 | 꼬마 빌딩 | p.168 |
| 척추 브릿지 | p.142 | 다리 피자 | p.180 |
| 한라산 무지개 | p.156 | | |

## 바르게 서는 방법을 연습해요!

전신 거울을 보며 10초면 연습할 수 있어요. 매일 아침 눈뜨자마자 혹은 자러 가기 전 꾸준히 실천해 바르게 서는 자세를 내 것으로 만들어 보아요.

- ☐ 집에 있는 전신 거울 앞에 서요.
- ☐ 두 발을 내 골반 너비만큼 벌려요.
- ☐ 두 번째 발가락이 정면을 볼 수 있게, 발을 11자 모양으로 만들어요. 이때, 엄지발가락에서부터 새끼발가락, 발뒤꿈치까지 땅을 부드럽게 밟고 있어요.
- ☐ 양쪽 다리에 50:50으로 똑같이 무게를 실어요.
- ☐ 내 몸통이 두 다리 중간에 위치하게 해요.
- ☐ 무릎이 되도록 정면을 볼 수 있게 엉덩이에 살짝 힘을 주고 다리를 곧게 펴요. 이렇게 서면 평소보다 발바닥에 아치가 생겨요.
- ☐ 키가 커지는 느낌으로 허리, 등, 고개를 곧게 세웁니다.
- ☐ 허리는 너무 앞으로 꺾이거나, 뒤로 굽이지지 않게 중간을 찾아보아요.
- ☐ 허리를 세우기 위해 배와 가슴이 너무 앞으로 나오지 않도록 배에 살짝 힘을 줍니다.
- ☐ 고개를 세워서 내 머리 꼭대기가 하늘에 닿을 것처럼 쭉 뻗어요.
- ☐ 시선은 거울 속 내 두 눈썹 사이를 바라봅니다. 시선이 거울 속 눈썹보다 아래로 내려가면 거북목이 되고 있다는 증거예요.
- ☐ 어깨는 옆으로 넓게 펼쳐서, 손등이 옆을 바라보게 합니다.
- ☐ 팔은 길게 아래로 뿌리 내리듯이 뻗으며 손가락까지 쭉 펴냅니다.

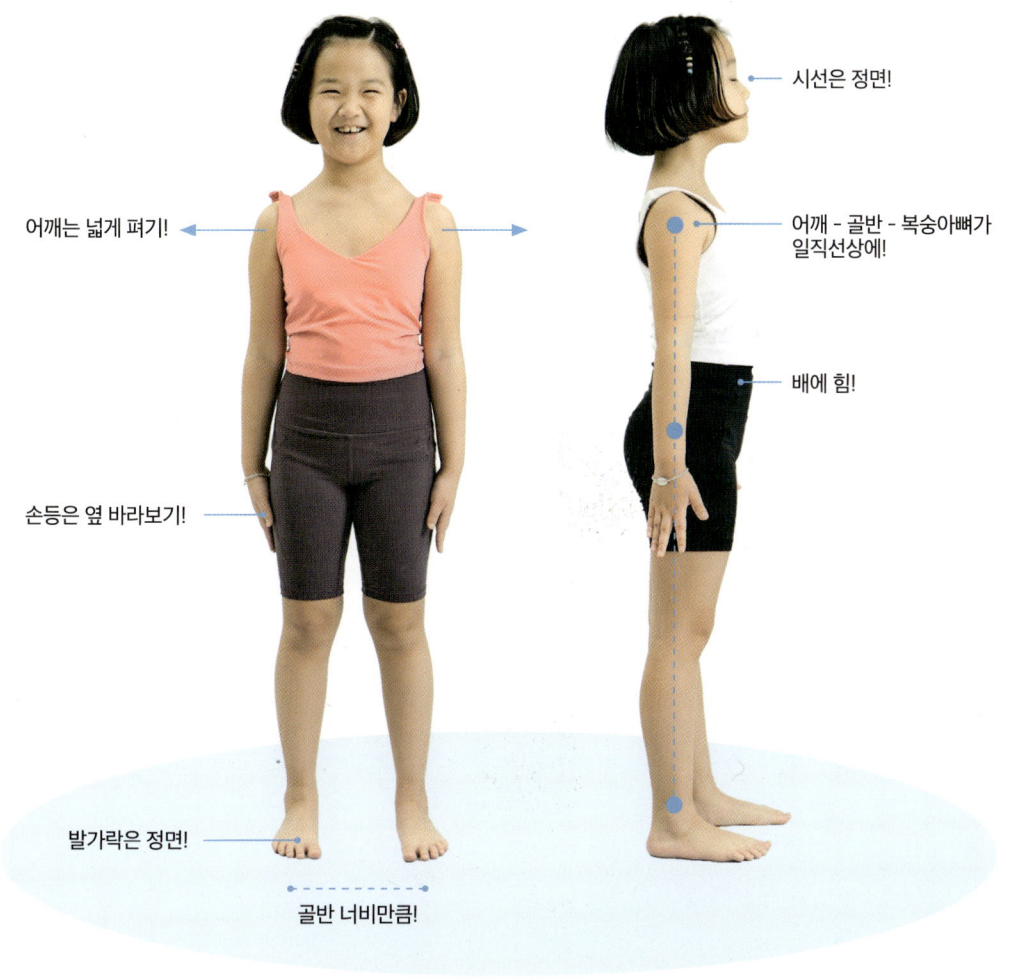

# 바르게 앉는 법을 배워봐요

**1단계**
## 옆에서 아이가 앉은 모습을 관찰해보세요

바르게 앉은 자세란 골반-허리-등-어깨-귀가 일직선상에 위치해 상체가 앞이나 뒤로 기울지 않고 곧게 펴고 앉아 있는 자세를 말합니다. 아이에게 평소처럼 앉아보라고 한 뒤 옆 모습을 보며 아래 체크리스트를 확인해보세요.

CHECK LIST

- □ 귀가 어깨 위에 있나요?
- □ 어깨가 골반 위에 있나요?
- □ 상체가 앞이나 뒤로 기울지는 않았나요?
- □ 시선이 바닥이나 위가 아닌 정면을 보고 있나요?
- □ 턱이 가슴 쪽으로 당겨져 있지는 않나요?
- □ 발뒤꿈치가 무릎 바로 아래에 있나요?

● **이런 자세는 안 돼요!**

**❶ 등이 굽어 있는 자세**

아이들에게 가장 많이 볼 수 있는 자세입니다. 척추를 지지하는 근육이 형성되어 있지 않은 상태에서 오랜 시간 앉아 있는 탓에 척추를 감당하기 어려워지니 척추를 축 늘어뜨리듯이 의자 등받이에 기대고 있게 됩니다. 그러다가 등받이가 없어지면 기댈 곳마저 없어져 등이 더 동그랗게 굽어집니다. 등이 굽어 있는 자세를 방치하면 일자목이나 거북목, 어깨가 앞으로 말리는 증상으로 악화되기 쉬우니 최대한 빨리 교정해야 합니다.

❷ **허리가 쏟아질 듯 앞으로 기운 자세**

허리와 골반이 앞으로 기울어져 상체 무게중심이 앞으로 쏟아질 듯한 자세입니다. 바르게 앉는 방법을 모르지만 '허리를 곧게 펴고 앉아야지!'라고 생각해 허리를 앞으로 밀고 등을 널빤지처럼 펴서 앉는 것이 습관이 된 경우도 많습니다.

이 자세가 방치되면 짧아진 허리 근육이 늘 긴장하게 되고 늘어난 복부 근육은 힘을 잃어 허리 통증을 유발하게 됩니다. 또한 오랜 시간 앉아 공부하는 청소년기까지 이 자세가 교정되지 않으면 '엉덩이힘'으로 불리는 공부 체력을 만들 수 없습니다.

## 앞에서 아이가 앉은 모습을 관찰해보세요

바르게 앉은 자세란 두 발과 무릎이 엉덩이 너비만큼 벌어져 발바닥이 안정적으로 바닥을 딛고 있고, 골반이 어느 한쪽으로 기울지 않은 채 몸통과 고개가 중간에 곧게 서 있는 자세를 말합니다. 아이에게 평소처럼 앉아보라고 한 뒤 앞모습을 보며 아래 체크리스트를 확인해보세요. 아이가 거울을 보며 스스로 관찰하면 더 좋아요.

CHECK LIST

□ 양쪽 어깨 높이에 차이는 없나요?

□ 몸통이 한쪽으로 기울지 않고 중간에 위치해 있나요?

□ 두 무릎이 바깥으로 벌어지거나 안으로 모이지 않고 정면을 보고 있나요?

□ 고개가 옆으로 기울거나 돌아가지 않고 정면을 보고 있나요?

□ 양쪽 골반이 한쪽이 뜨는 곳 없이 의자에 잘 닿아 있나요?

□ 두 발의 뒤꿈치, 발가락이 뜨는 곳 없이 바닥에 잘 닿아 있나요?

## 3단계
## 바른 골반과 허리, 등 자세에 도움이 되는 동작을 연습해요!

바른 골반과 허리, 등의 자세에 도움이 되는 동작을 매일 5~10회 반복 연습해요.

| | | | |
|---|---|---|---|
| 골반 댄스 | p.076 | 스케이팅 & 얼음 낚시 | p.090 |
| 등 무지개 | p.084 | 솜사탕 | p.106 |

**TIP** 책상에 앉았을 때, 책이나 컴퓨터의 높이가 낮아서 시선이 아래를 향하거나 고개가 숙여진다면 독서대나 모니터 받침대 등을 사용해 시선이나 고개가 아래로 떨어지지 않도록 만들어주세요.

## 바르게 앉는 방법을 연습해요!

거울 앞에 앉아 10초 정도면 연습할 수 있어요. 매일 내 방 책상 의자에 앉아 공부를 시작하기 전 꾸준히 연습해 바른 자세를 내 것으로 만들어 보아요.

- ☐ 발바닥이 땅에 닿는 높이의 의자에 앉아요.
- ☐ 두 무릎을 골반 너비로 벌려요.
- ☐ 두 무릎 바로 아래에 두 발의 뒤꿈치를 두어요.
- ☐ 두 번째 발가락이 정면을 볼 수 있게, 발을 11자 모양으로 만들어요.
- ☐ 두 엉덩이가 어느 한쪽으로 치우치지 않고 같은 무게로 의자에 닿게 해요.
- ☐ 엉덩이 아래에 툭 튀어나온 뼈, 앉는뼈(Sit Bone)를 찾아서 느껴보아요.
- ☐ 엉덩이 아래의 두 앉는뼈를 잘 누르고, 키가 더 커지게 상체는 곧게 세워요.
- ☐ 상체 무게중심이 앞이나 뒤로 기울지 않게 중심을 잘 찾으며 앉는뼈를 계속 눌러요.
- ☐ 허리를 세우기 위해 배와 가슴이 너무 앞으로 나오지 않도록 배에 살짝 힘을 줍니다.
- ☐ 고개를 세워서 내 머리 꼭대기가 계속 하늘에 닿을 것처럼 쭉 뻗어요.
- ☐ 시선은 거울 속 내 두 눈썹 사이를 바라봅니다. 시선이 거울 속 눈썹보다 아래로 내려가면 거북목이 되고 있다는 증거예요.
- ☐ 어깨는 옆으로 넓고 곧게 펼쳐요.
- ☐ 팔은 길게 아래로 뿌리 내리듯이 뻗으며 손가락까지 쭉 펴냅니다.

# 키즈 필라테스, 이런 효과도 있어요

_____ **밤마다 아파하는 우리 아이 성장통을 없애줘요**

성장통이란 3~12세 사이, 즉 사춘기에 돌입하기 전 성장기 아동들에게서 흔히 나타나는 다리의 통증을 말합니다. 주로 종아리, 허벅지, 무릎 부위에 발생하지요. 대부분의 부모님들은 성장통을 키가 크는 과정에서 생기는 자연스러운 현상이라고 여기고 방치하는 경우가 많습니다. 하지만 그냥 방치하기에는 밤에 잠을 이루지 못할 정도로 아파하는 아이들이 상당히 많습니다.

성장통은 성장기의 모든 아이들이 겪는 통증은 아닙니다. 아이들 중 일부만이 겪고, 또 아이들마다 통증의 강도, 주기 및 지속기간이 다릅니다.

수업을 하다 보니 다리가 안이나 밖으로 휘거나 다리의 유연성과 근력이 함께 부족한 아이들이 성장통을 앓고 있는 모습을 많이 보았습니다. 그런 아이들은 대부분 다리 정렬을 개선시키고, 다리뼈를 지지하는 근육이 제 역할을 할 수 있도록 단련시켜주면 성장통이 사라집니다.

진통제를 먹지 않으면 잠을 잘 수 없을 정도로 심한 성장통을 겪는 초등학교 2학년 여자아이가 있었습니다. 처음에는 바르게 서는 자세도, '척추 인사p.94' 동작도 전혀 할 수 없었죠. 아이에게는 다리 정렬을 바르게 하고, 다리의 근력 기능을 높이는 동작들을 꾸준히 실시하게 했습니다. 그 결과 성장통도 사라지고 8개월 동안 키가 7cm나 자라나는 성장을 보였답니다.

### 다리 유연성, 근기능 향상에 도움을 주는 동작들

| | | | |
|---|---|---|---|
| 하늘에 별 달기 | p.098 | 한라산 무지개 | p.156 |
| 땅 다지기 | p.130 | 꼬마 빌딩 | p.168 |
| 1층 바닥 공사 | p.132 | 다리 피자 | p.180 |
| 척추 브릿지 | p.142 | 척추 브릿지 조명 달기 | p.186 |

## 음악이나 미술을 배워 한 자세로 오래 있는 우리 아이 틀어진 체형을 교정해요

음악을 배우는 경우 한 팔로 악기를 연주하거나 등받이 없는 작은 의자에 살짝 걸터 앉아 연주하는 경우가 많습니다. 하루에 서너 시간씩 의자에 앉아 그림을 그리는 아이들의 자세도 비슷합니다.

보통 악기와 미술을 배울 때는 신체 일부만 제한적으로 움직이며 몇 시간씩 집중하기 때문에 바르지 못한 자세를 유발할 가능성이 매우 큽니다. 비뚤어진 자세가 계속 유지될 경우 청소년기를 지나 체중이 성인과 비슷해지는 시기가 오면 고관절이나 골반 부위의 통증을 호소하게 되죠.

아래 케이스들이 악기나 미술 전공을 준비하는 어린이, 청소년들에게서 많이 관찰되는 모습입니다. 우리 아이가 음악이나 미술을 배우고 있다면 다음과 같은 모습이 보이지는 않은지 관찰해보세요.

- 고개가 한쪽으로 갸우뚱거리듯 비스듬한 모습
- 고개가 한쪽으로 돌아가서 정면이 아닌 옆을 보는 모습
- 양쪽 어깨 높이가 차이 나는 모습
- 양쪽 골반 높이와 엉덩이 높이가 차이 나는 모습
- 등이 완만한 굴곡 없이 뻣뻣하게 펴진 모습

음악이나 미술을 하는 아이들의 경우 연습이 끝난 뒤 별도로 시간을 내어 필라테스를 하는 것보다 되도록 중간중간 쉬는 시간을 활용해 짬짬히 스트레칭을 해주어 근육이 굳지 않게 도와주어야 합니다. 아래에 쉬는 시간마다 의자에 앉거나 서서 간편히 할 수 있는 동작을 소개합니다. 꾸준히 실천하면 바른 체형을 유지하는 데 도움이 될 거예요.

### 체형이 틀어지지 않게 예방하는 동작들

| | | | |
|---|---|---|---|
| 까치 & 까마귀 | p.056 | 허리 무지개 | p.080 |
| 고개 촛불 | p.068 | 등 무지개 | p.084 |
| 팔 페인팅 | p.072 | 척추 인사 | p.094 |

## 우리 아이 종합 운동능력과 기초체력, 자신감을 높여줘요

아이가 유치원 혹은 초등학교에 들어가서 태권도나 발레 등의 체육 학원에 보냈는데 수업을 잘 따라가지 못해 당황스러워하는 부모님들이 많습니다. 특히 여성인 어머니의 입장에서 내 아들이 예상보다 운동을 못하는 상황이 발생하면 '남자아이고, 어린데 왜 잘 못하지?' 하고 당혹스러워합니다. 아이들은 아이들 나름대로 경쟁하는 운동 종목에서 다른 아이들과 비교되고 뒤처지게 되니 쉽게 흥미를 잃게 되죠.

아이들의 운동능력과 체력은 유아 시기가 굉장히 중요합니다. 유아의 기초체력을 구성하는 요소는 근력, 지구력, 순발력, 민첩성, 유연성, 평형성, 협응성인데 통상 6~7세 때 이 기초체력의 60% 정도가 형성됩니다. 그런데 최근에는 유아들도 실외에서 다양한 신체 활동을 경험할 기회가 적어지고, 실내에 앉아서 하는 활동 시간이 길어졌습니다. 이는 곧 기초체력 저하와 직결되지요. 별다른 운동 경험 없이 아이들에게 높은 운동능력과 기초체력을 기대하는 것은 욕심입니다.

아이가 다른 운동을 쉽게 배우지 못할 때는 필라테스로 아이의 기초체력과 전신 조절 능력 등을 향상시킨 뒤 다른 운동을 시작하는 것이 좋습니다. 아이들은 필라테스를 통해 내 몸을 스스로 컨트롤하는 능력을 기를 수 있으며, 이것이 운동능력으로 나타날 때 자신의 신체에 대해 자신감을 가지게 되고 이는 곧 자존감으로 이어집니다. 또한 운동을 배우는 동안 좋은 성적을 내면 운동 자체에 재미를 붙여 더 많은 종목을 즐겁게 경험할 가능성이 높아지고, 이는 곧 평생 운동 습관으로도 이어질 수 있습니다.

### 전신 조절 능력에 효과적인 코어 근력 향상 동작들

| | | | |
|---|---|---|---|
| 솜사탕 | p.106 | 솜사탕 롤리팝 | p.146 |
| 지구 히어로 | p.112 | 택배 상자 배송 | p.152 |
| 택배 상자 | p.118 | 척추 공 드리블 | p.164 |
| 척추 공 굴리기 | p.138 | 택배 영국 배송 | p.200 |

### 스트레스를 많이 받는 아이의 두통과 수면장애를 개선해요

초등학교 고학년이 될수록 학업량이 점점 늘어나고 그에 대한 스트레스도 많아집니다. 긴장이 지속되어 수시로 두통에 시달리거나 잠에 잘 들지 못하는 아이들도 많이 있지요. 이런 아이들에게 어깨를 으쓱으쓱 움직여보라고 하면 대부분 어깨를 가볍게 움직이지 못하고 둔탁한 느낌이 나게 움직입니다. 목 뒤 근육을 살짝만 눌러도 많이 아파하죠. '근막통증증후군'이라고 불리는 증상입니다. 흔히 책상에 같은 자세로 오랜 시간 앉아 있는 수험생들에게서 많이 나타나는데요. 적절하게 수축하고 이완해야 하는 근육이 잘못된 자세로 과도하게 긴장하거나 스트레스 받는 상태에 노출되면 근육 고유의 탄력성을 잃어버리고 쉽게 수축되는 증상입니다.

근육이 수축된 상태가 지속되면 신경과 혈관이 눌려 근육을 덮고 있는 근막도 굳어 버리고 이는 통증으로 발전됩니다. 대표적인 증상으로는 목이 뻣뻣해지고, 어깨가 짓눌리는 듯한 통증, 두통, 눈의 통증, 이명, 수면장애 등이 있어요. 특히 수면장애는 아이들의 성장호르몬 분비를 막아 키 성장 저하로도 이어질 수 있어 주의해야 합니다.

학업 스트레스로 두통과 수면장애에 시달리던 중1 여자아이가 있었습니다. 아이는 머리가 지끈거려 쉽사리 잠에 들지 못한다고 했습니다. 역시나 아이의 목과 어깨는 딱딱하게 굳어 있었지요. 아이에게는 목과 어깨 긴장 완화에 도움이 되는 동작을 평소에도 꾸준히 실시하도록 했어요. 그 결과 두통과 수면장애가 사라지고 1년 동안 키도 9cm나 자라게 되었습니다.

---

**목과 어깨 긴장 완화에 도움이 되는 동작들**

| | | | |
|---|---|---|---|
| 어깨 가위바위보 | p.052 | 모래 요정 | p.064 |
| 김밥말이 | p.060 | 고개 촛불 | p.068 |

집에서도 안전하고, 재미있게!
# 홈 필라테스 티칭 가이드

키즈 필라테스 시켜보고 싶은데, 집에서 가르치면 아이가 재미있어 할지, 잘못해서 다치는 건 아닌지 걱정하는 엄마, 아빠를 위해 집에서 안전하고 재미있게 필라테스를 가르칠 수 있는 티칭 가이드를 소개합니다.

### ① 매일 10분씩, 습관부터 들여요
아이와 편하게 연습할 수 있는 시간을 정한 뒤 매일 꾸준히 함께 하며 운동 습관이 들도록 해주세요. 자기 전도 좋고, 등교 전도 좋아요. 다만 레벨 1, 2, 3의 동작들은 눕거나 엎드린 상태에서 코어 근력을 사용해야 하는 동작들이 많으니 식사 직후는 피하는 것이 좋습니다. 매일 10~20분씩 꾸준히 연습하다 보면 학교나 학원 등 집 밖에서도 아이 혼자 틈틈이 할 수 있어요.

### ② 아이가 직접 소리 내어 하면 더 재미있어 해요
부모님이 반복 횟수나 시간을 말해주는 것도 좋지만, 가장 좋은 방법은 아이가 스스로 소리 내어 동작하게 하는 것입니다. 누군가 횟수나 시간을 세어주면 통제 받는 기분이 들 수 있지만, 아이 스스로 한다면 주도성이 생겨 즐겁게 하는 경우가 많습니다.

### ③ 유아나 저학년이라면 장난감을 활용해요
유아나 초등학교 저학년의 경우 아이가 좋아하는 인형이나 로봇 등 장난감으로 시범을 보여주는 것도 좋습니다. "이것 봐, 인형도 '척추 인사' 잘 하네! ○○이도 해볼까?" 하는 식으로 동작을 유도하면 아이들도 즐겁게, 많은 횟수를 반복하며 연습할 수 있습니다.

## ④ 아이가 아파할 때는 이렇게 하세요

**❶ 잠깐 동작을 멈추세요**

아이가 아파하면 우선 동작을 멈추고 잠시 쉬게 하세요. 아이와 함께 동작 설명을 다시 읽어보며 어디에 힘을 주고 지지해야 하는지, 집중할 곳은 어디인지 정확하게 확인한 뒤 다시 시도해봅니다. 다시 해봤을 때도 아이가 통증을 호소한다면, 정확히 어디가 어떻게 아픈지 이야기를 나눠보세요.

**❷ 통증을 느끼는 부위와 정도를 아이의 언어로 물어보세요**

아이들은 근육이 쓰이거나 늘어나는 느낌을 처음 느껴보는 터라 일관되게 '아프다'라는 표현을 쓰는 경우가 많습니다. 이럴 때는 아이가 이해하기 쉬운 표현으로 바꾸어 물어보는 것이 좋아요. "다리 뒤가 치즈처럼 쭉 늘어나 펴지는 느낌이야?", "배가 단단해지는 느낌이야?", "엉덩이가 주사 맞는 것처럼 딱딱해지는 느낌이야?"라고 물은 뒤 못 참을 정도의 통증이 아니라면 잘하고 있다고 칭찬해주며 더 연습할 수 있도록 이끌어주세요.

## ⑤ 아이가 동작을 잘 따라 하지 못하거나 자신 없어 한다면 이렇게 하세요

**❶ 난이도가 낮은 동작으로 바꾸거나 아이가 재미있어 하는 동작을 자주 반복해요**

사진으로 보기에는 쉬워 보이는 동작인데, 막상 따라 했을 때 잘 해내지 못하면 스스로에게 실망하거나 더 나아가 운동 자체에 흥미를 잃는 아이들이 있습니다. 그럴 때는 일단 난이도 낮은 동작으로 바꿔주거나 아이가 재미있어 했던 동작을 중간중간 자주 반복하며 자신감을 가지도록 해주는 것이 좋아요.

**❷ 아이의 신체 상황에 맞게 동작 순서를 바꿔보세요**

아이마다 신체 발달상황이 다릅니다. 예를 들어 다리 유연성은 부족하나 배 힘이 좋은 아이라면, 다리 스트레칭 동작은 순서를 미루고 '솜사탕'이나 '지구 히어로' 등 배의 힘을 이용하는 동작들을 먼저 연습하게 하여 자신감을 느끼게 해줍니다. 그다음 다리 스트레칭 동작 중 가장 난이도가 낮은 '하늘에 별 달기', '다리 색종이 접기' 동작 등을 시도합니다. 이때, 첫 시도에서 무리하지 말고 아이가 참을 수 있는 선에서 통증을 조금씩 극복하며 스트레칭 범위를 늘려갈 수 있게 도와주세요.

**❸ 엄마, 아빠가 먼저 시범을 보여주세요**

이때 부모님이 자신을 조금 낮추는 방법이 유용합니다. "엄마도 한번 해볼까? 어머, 엄마는 너보다 더 안 펴지네? 엄마 좀 도와줄 수 있어? 혼자 하니까 잘 안 된다" 하면 아이가 엄마 다리를 펴주려고 안간힘을 쓸 거예요. "네가 도와주니까 조금 아프긴 한데 훨씬 잘 펴지네! 늘어나는 느낌이 시원해", "이번엔 엄마가 도와줄게" 하면서 자연스럽게 아이의 스트레칭 범위가 늘어나도록 엄마, 아빠가 도와주세요. 그러면 아이는 통증을 조금 느껴도 엄마처럼 참아보려고 할 거예요. 그리고 나서 아이와 다시 한번 시도해보며 말해보세요. "우리 둘 다 다시 해보자. 우와! 아까보다 더 늘어난다!"

## ⑥ 아이가 동작이나 순서를 마음대로 하려고 하면 우선 기회를 주세요

간혹 아이가 쉬워 보인다며 이전 레벨을 건너뛴 채 어려운 레벨부터 하려고 하거나 동작을 설명대로 따라 하지 않으려고 할 수 있습니다. 이때는 무조건 강요할 것이 아니라 일단 하고 싶은 대로 동작을 해보도록 기회를 주는 것이 좋습니다. 대부분의 경우 책에서 설명한 동작의 목적이나 바른 자세 그대로 하지는 못하고, 비슷한 모양을 만들어내는 정도일 거예요. 이때 부모님의 반응이 중요합니다. "아니 그렇게 하는 게 아니고 이거 봐봐" 하는 식의 기존 움직임을 부정하는 반응은 아이의 사기를 꺾을 수 있습니다. 기존 아이가 한 동작을 존중하면서도 새로운 방식을 익히면 더 키가 크고 멋진 몸이 될 수 있다는 방향으로 장려해주세요.

"어머~ 배우지도 않았는데 이미 이 정도 할 수 있구나! 엄마는 네가 이런 동작 할 수 있는지 처음 알았네. 그런데 이 책 설명을 보고 좀 더 정확히 따라 하면 몸이 멋있어지고 키가 크는 데 도움이 된대. 지금 네가 하는 것과 어떻게 다른지 같이 읽어보자~." "어떻게 하면 이 사진하고 더 똑같이 해볼 수 있을까?"
동작을 잘 하고 나면 새로운 방법에 도전하여 성취해낸 아이를 칭찬해주고 혼자 했을 때와 어떤 점이 다른지 얘기해보세요.

"아까 너 혼자 할 때와 느낌이 달라? 어떻게 달라?" "새로운 방법도 무척 빨리 익히네~ 훌륭하다. 좀 더 연습하면 완전히 네 것이 되겠어."

## 키즈 필라테스, 시작 전에 꼭 확인하세요!

**① 파트 2에서 기본 동작부터 배워요**

파트 2에서는 43가지 필라테스 기본 동작을 4가지 레벨로 나눠 소개합니다.
각 레벨은 관절의 가동범위를 늘리고, 유연성, 척추 운동 능력, 코어 근육 등을 순차적으로 강화할 수 있도록 설계되었으니 아이가 순서대로 따라 할 수 있게 도와주세요.
또한 레벨별로 하루에 배우면 좋은 동작 수를 권장하고 있어요. 책에서 권장하는 동작 수를 따르면 매일 10~20분이 소요돼요. 다만 이는 아이의 신체 상황이나 컨디션에 따라 가감할 수 있습니다.

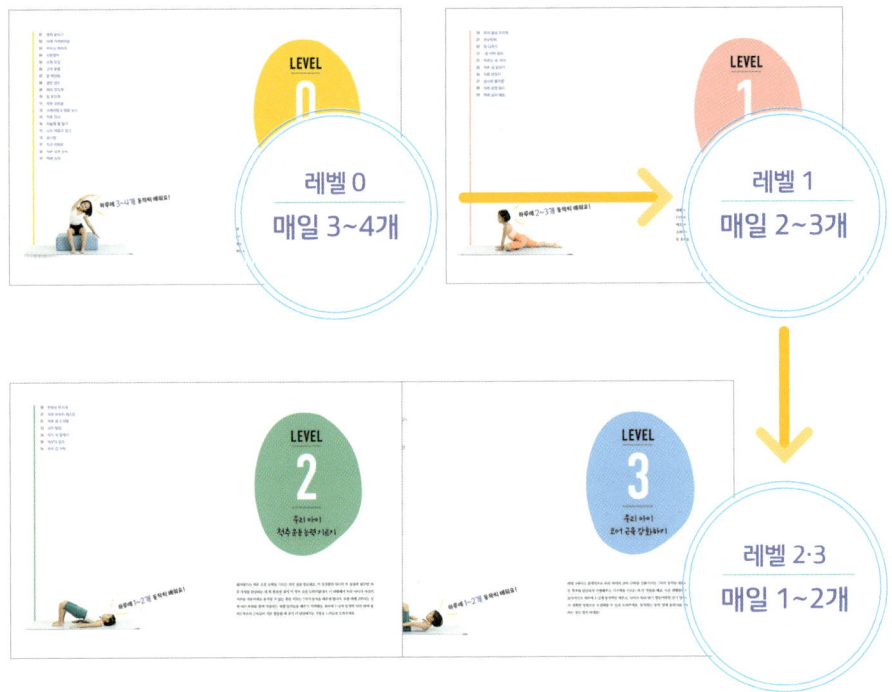

② **동작을 배우기 전 반복 횟수·운동 방향·주의해야 할 곳을 확인해요**

기본 동작을 익히기 전 이 동작의 운동 효과는 무엇인지, 동작할 때 어떤 부분을 주의해야 하는지, 연결 동작으로 몇 번이나 반복해야 하는지 확인해보세요. 동작 설명을 제대로 익히고 필라테스를 시작하면 운동 효과를 크게 높일 수 있습니다.

③ **파트 3에서 프로그램을 골라 매일 10분씩 따라 해요**

파트 2에서 기본 동작을 모두 익혔다면 파트 3의 하루 10분 프로그램으로 넘어갈 차례예요. 월요일부터 금요일까지 매일매일 한 프로그램씩 순서대로 따라 하거나 아이에게 필요한 프로그램을 골라 매일 10분씩 따라 하면 됩니다. 하루 10분 프로그램에는 유튜브 영상과 연결된 QR코드가 삽입되어 있어요. 운동을 하기 전 책에서 운동 효과와 동작 구성을 확인 한 뒤 영상을 틀어놓고 따라 하면 재미있게 따라 할 수 있어요.

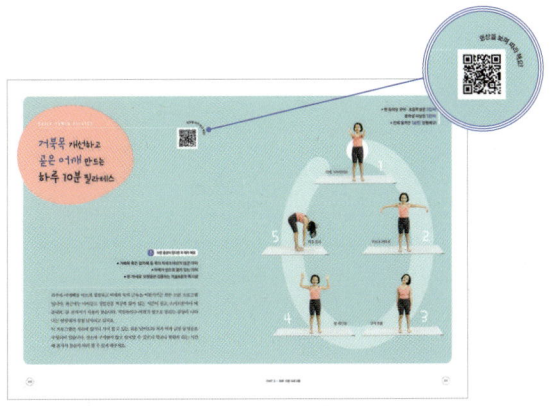

파트 2에서는 성장기 아이들의 신체와 눈높이에 맞게 설계된 키즈 필라테스 43가지 동작을 운동 효과와 난이도에 따라 4가지 레벨로 나눠 소개합니다. 레벨 0에서 필라테스의 기초가 되는 동작 19가지를 배운 뒤 레벨 1로 넘어가 전신 유연성을 기르고, 레벨 2에서 바른 척추와 척추의 운동능력 향상을, 레벨 3에서는 코어 근육을 튼튼하게 만드는 동작들을 순서대로 배우게 됩니다. 레벨마다 권장하는 동작 수만큼 매일매일 차근차근 익히며 한 달 동안 기본 동작 43가지를 모두 내 것으로 만들 수 있게 해주세요.

PART 02

# 필라테스 기본 동작

# 43

01 영재 숨쉬기
02 어깨 가위바위보
03 까치 & 까마귀
04 김밥말이
05 모래 요정
06 고개 촛불
07 팔 페인팅
08 골반 댄스
09 허리 무지개
10 등 무지개
11 척추 오르골
12 스케이팅 & 얼음 낚시
13 척추 인사
14 하늘에 별 달기
15 다리 색종이 접기
16 솜사탕
17 지구 히어로
18 척추 로켓 준비
19 택배 상자

하루에 3~4개 동작씩 배워요!

# LEVEL 0

## 우리 아이 필라테스와 친해지기

레벨 0에서는 필라테스의 기본 원리를 배우고, 신체 가동범위를 늘려 다음 레벨을 따라 하는 데 도움이 되는 19가지 동작을 익히게 됩니다. 책의 순서대로 하루에 3~4개 동작씩 따라 한다면 일주일 정도면 이 레벨을 모두 배울 수 있어요. 필라테스와의 첫 만남이니만큼 엄마, 아빠와 재미있는 놀이 하듯 따라 할 수 있게 도와주세요. 우리 아이도 금세 필라테스와 친해질 거예요.

# 영재 숨쉬기

3회씩 반복

필라테스 영재의 기본은 숨쉬기! 5가지 숨쉬기 방법을 배워봐요.
운동 효과도 높아지고, 레벨 3의 동작까지 쉽게 따라 할 수 있어요.

✱ 코어 근육 강화 ✱

## 1 기본 호흡

❶ 바르게 선 자세로 준비해요.

❷ 코로 꽃향기를 맡듯이 숨을 가늘고 길게 들이마셔요.

❸ 나만 들릴 만큼 작고 부드럽게 후~ 소리를 내며 숨을 내뱉어요.

❹ 목과 어깨에 힘이 들어가지 않게 노력하며 기본 호흡을 3번 반복해요.

## 2 갈비뼈 풍선 호흡

❶ 바르게 선 자세에서 두 손으로 갈비뼈를 살포시 감싸듯 뼈 위에 두 손을 올려두어요.

★ 집중 어깨가 함께 올라가거나 앞으로 말리지 않도록 어깨도 반듯하게 펴요.

❷ 꽃향기를 맡듯이 코로 숨을 들이마시고, 입으로 후~ 부드럽게 소리를 내며 내쉬어요.

❸ 숨을 들이쉴 때는 폐에 공기가 들어가서 풍선처럼 부풀었다가 숨을 내쉬면 공기가 빠지며 풍선이 조그맣게 줄어들어요.

★ 집중 숨을 내쉬며 갈비뼈를 닫을 때 등이 굽어지지 않게 집중해요. 호흡하는 동안에 머리 꼭대기가 하늘에 닿는 느낌으로 허리와 등을 곧게 세우고 뒤꿈치가 바닥에서 들리지 않게 노력해요.

❹ 갈비뼈가 풍선처럼 커졌다가 작아지는 것을 느끼며 갈비뼈 풍선 호흡을 3번 반복해요.

# 3 배 풍선 호흡

❶ 바르게 선 자세에서 한 손은 배 위, 나머지 손은 등에 올려두어요.

> ★ 집중  등에는 손바닥이 아닌 손등을 올려요. 손등을 허리와 등 사이에 두면 어깨가 말리거나 위로 들썩거리지 않아요.

❷ 꽃향기를 맡듯이 코로 숨을 들이마시고, 입으로 후~ 부드럽게 소리를 내며 내쉬어요.

❸ 숨을 들이마실 때 **배와 등에 숨이 들어오며 풍선처럼 부푸는 것을 느껴요**. 내쉴 때는 **배꼽을 등 뒤에 붙인다는 느낌**으로 배와 등을 납작하게 만들어서 배에 있는 숨을 모두 내보내요.

> ★ 집중  숨을 들이마실 때, 갈비뼈>등>배 순서로 숨이 들어오고, 내쉴 때 배>갈비뼈>등 순서대로 숨이 나간다고 상상해요.

❹ 배가 풍선처럼 부풀었다가 작아지는 것을 느끼며 **배 풍선 호흡을 3번 반복해요.**

## 4 스타카토 풍선 호흡

❶ 바르게 선 자세에서 한 손은 배 위, 나머지 손은 등에 올려두어요.

★ 집중  등에는 손바닥이 아닌 손등을 올려요. 손등을 허리와 등 사이에 두면 어깨가 말리거나 위로 들썩거리지 않아요.

❷ 스타카토 리듬처럼 코로 숨을 짧게 흡!흡!흡!흡!흡! 5번 들이마셔요. 숨을 5번 들이마시는 동안 점차 갈비뼈와 등, 배가 풍선처럼 부풀어요.

❸ 입으로 숨을 짧게 후!후!후!후!후 5번 내쉬어요. 숨을 5번에 나눠 내쉬는 동안 배꼽이 쏙 들어가고, 풍선이 점점 작아져요.

★ 집중  호흡할 때 입술을 동그랗게 만들어 후!후!후!후!후! 힘있게 내뱉어요.

❹ 스타카토 풍선 호흡을 3번 반복해요.

# 5 한쪽 갈비뼈 풍선 호흡

❶ 다리를 Z모양으로 만들어 앉아요.

❷ 한 손은 한쪽 갈비뼈 위에 올리고, 다른 손은 바닥에 편하게 두어요.

> ★집중 한 손을 갈비뼈 아랫부분에 올렸을 때 어깨가 말리거나 위로 들썩거리지 않도록 해요.

❸ 꽃향기 맡듯이 코로 숨을 들이마시고, 입으로 후~ 부드럽게 소리를 내며 숨을 내쉬어요.

❹ 숨을 들이마실 때 손을 올린 갈비뼈에 숨이 더 많이 들어왔다가 내쉴 때 갈비뼈가 안으로 쏙 닫히면서 숨이 빠져나가요.

❺ 손을 올린 쪽의 갈비뼈가 반대쪽 갈비뼈보다 더 큰 풍선이 될 수 있도록 한 번 더 숨을 크게 들이마셔요.

❻ 풍선에 들어온 숨이 모두 빠져나갈 수 있게 갈비뼈를 부드럽게 꽉 모아 닫아요. 한쪽 갈비뼈 풍선 호흡을 3번 반복해요.

❼ 자세를 반대로 바꿔 반대편 갈비뼈 풍선 호흡도 3번 연습해요.

# 필라테스 호흡, 쉽게 익히기

아이가 호흡법을 완전히 내 것으로 만드는 데 시간이 필요할 수 있어요. 한 번에 성공하려고 하기보다 이후 동작들을 익히며 이틀에 한 번씩 꾸준히 연습하게 해주세요. 아래 팁이 도움이 될 거예요.

### ① 배와 가슴을 풍선이라고 상상해요

영재 숨쉬기에서 호흡하는 방법에 대해 단계별로 자세하게 설명하고 있어 아이가 한꺼번에 받아들이기 어려울 수 있어요. 처음에는 '숨을 들이마실 때 내 배와 가슴이 풍선이 되어 커다래지고, 숨을 내쉴 때 배와 가슴 풍선이 작아진다'라는 상상에 집중해 연습해보아요.

### ② 부모님과 아이가 서로의 배에 손을 얹고 연습해봐요

엄마, 아빠와 마주 보고 앉아 서로의 배와 가슴에 손을 얹고 호흡해보세요. 아이가 엄마, 아빠의 배를 눈으로 보고 손으로 느낄 수 있기 때문에 호흡법에 대해 훨씬 생동감 있게 이해하고 따라 할 수 있습니다.

① 아이와 마주 보고 앉아요. 엄마, 아빠가 아이 키에 맞춰 무릎을 꿇은 자세도 좋고, 의자에 마주 보고 앉아 서로 무릎을 겹치듯 끼운 자세도 좋아요.
② 먼저 엄마, 아빠의 배와 갈비뼈에 아이의 두 손을 올려요.
③ 엄마, 아빠가 숨을 들이마시며 배와 가슴이 커지고, 내쉬며 작아지는 것을 보여줍니다.
④ 이번엔 엄마, 아빠가 아이의 배와 갈비뼈에 손을 대고 아이가 호흡하는 것을 느껴요.

### ③ 목과 어깨가 들썩거린다면 이렇게 해보세요

호흡할 때 어깨나 목이 들썩거리는 것은 아직 가슴과 배 호흡법이 익숙지 않은 상태에서 숨을 한가득 들이마시느라 그런 것일 수도 있고, 거북목 증상이 있거나 어깨가 말려 있는 바람에 그 부위가 긴장되어서 그럴 수도 있어요.

우선 어깨와 목이 너무 긴장하지 않을 정도로만 숨을 조금씩 들이마시며 연습해보세요. 호흡할 때 목은 숨(공기)이 지나가는 길이라 생각하고, 숨이 목을 지나 가슴과 배로 들어가는 데 집중합니다. 다만 목이나 어깨 주위에 긴장도가 유난히 높아 힘을 빼려고 해도 안 되는 아이들이 있습니다. 그럴 때엔 엄마, 아빠가 아이의 목 뒤, 어깨 위 부분을 부드럽게 마사지해주거나 아이에게 스스로 목에서 딱딱하게 뭉친 곳을 찾아보며 주무르게 한 뒤 다시 시도해보세요.

# LEVEL 0
## 02 어깨 가위바위보

**3~5회 반복**

어깨로 하는 재미있는 가위바위보예요.
가위, 바위, 보가 빠르게 나올 때까지 연습한 뒤 가족들과 겨뤄봐요!

✱ 어깨·팔 스트레칭 ✱

## 준비 자세

**1**

❶ 양발을 어깨너비만큼 벌리고 바르게 서요.

★ 집중  가위바위보 대결을 할 때, 바르게 선 자세가 아니면 꽝이에요. 항상 바르게 선 자세를 유지하며 가위바위보 연습을 해요.

# 주먹!

## 2

❶ 어깨를 으쓱 위로 들어 올려 '주먹' 자세를 만들어요.

> ★ 집중  어깨를 들어 올릴 때 어깨가 앞으로 말리거나 등이 굽지 않도록 노력해요. 고개는 앞으로 숙여지거나 좌우로 기우뚱거리지 않게 계속해서 정면을 바라봐요.

# 가위!

## 3

❶ 팔을 앞으로 나란히 들어 올려 '가위' 자세를 만들어요.

★ 집중  두 손은 어깨너비만큼 벌린 채 어깨보다 높지 않게 들어 올려요. 두 손을 올릴 때 어깨가 함께 딸려 올라가지 않도록 노력해요.

# 보!

## 4

❶ 팔을 옆으로 나란히 들어 올려 '보' 자세를 만들어요. <mark>손을 옆으로 쭉 뻗으면서 어깨와 가슴이 넓어지는 것을 느껴요.</mark>

> ★ 집중  두 손은 어깨보다 높지 않게 들어 올리고, 어깨가 함께 딸려 올라가지 않도록 노력해요.

❷ 어깨로 가위바위보가 빨리 나올 정도로 반복해서 연습한 뒤 엄마, 아빠에게 대결을 신청해요!

#  까치 & 까마귀

3회씩 반복

하늘을 나는 새처럼 양팔을 쭉 펴고 손을 위아래로 펄럭여
까치, 까마귀같이 멀리 날아봐요.

✻ 팔·손목 스트레칭 ✻

## 준비 자세

**1**

❶ 양발을 어깨너비만큼 벌리고, 양팔은 어깨높이까지 나란히 들어 올려요. <mark>손을 옆으로 쭉 뻗어서 어깨 앞이 넓어지는 것을 느껴보아요.</mark>

★ 집중  양손은 어깨보다 높지 않게 들어 올려요.

## 깍깍! 까치 따라 하기

2

❶ 손가락 끝이 하늘을 향하도록 손목을 위로 꺾어요.

❷ 준비 자세로 돌아와 손바닥이 바닥을 보도록 해요.

❸ 이제 **까치가 날갯짓을 하듯 손목을 위로 올렸다 내려봐요.** 손목을 움직일 때 까치처럼 '깍깍' 소리를 내면 재밌어요.

★ 집중 팔은 계속 양쪽으로 멀리 뻗고, 어깨와 귀 사이도 계속 멀리 보내 목을 우아한 까치처럼 만들어봐요.

## 꺽꺽! 까마귀 따라 하기

**3**

❶ 팔을 양옆으로 나란히 편 자세에서 손목을 아래로 접어요.

★ 집중 손목을 아래로 접을 때 손등과 손가락이 최대한 굽지 않게 노력해요.

❷ 제자리로 돌아와 손바닥이 바닥을 보도록 해요.

❸ 우아하게 나는 까마귀처럼 손목을 아래로 접었다 펴봐요. 손목을 움직일 때 까마귀처럼 '꺽꺽' 소리를 내면 재밌어요.

★ 집중 팔은 계속 양쪽으로 멀리 뻗고, 어깨와 귀 사이도 계속 멀리 보내 목을 우아한 까치처럼 만들어봐요.

## 까치와 까마귀처럼 날기

4

❶ 까마귀와 까치 동작을 번갈아가며 3번씩 반복해요.

★ 집중 두 팔을 계속해서 양쪽으로 멀리 뻗으며, 손목을 움직일 때 팔 위아래가 시원하게 늘어나는 것을 느껴요.

까치처럼 깍깍!

까마귀처럼 꺽꺽!

# 김밥말이

무슨 맛 김밥을 제일 좋아해요? 치즈 김밥? 돈가스 김밥?
가족과 함께 나눠 먹을 김밥을 말아봐요

✳ 어깨·팔 스트레칭 ✳

## 준비 자세

**1**

❶ <mark>뒤통수, 등, 엉덩이, 뒤꿈치가 곧게 뻗은 일자가 되도록 옆으로 가지런히 누워요.</mark>

❷ 두 무릎을 살짝 굽혀요.

❸ 두 손은 박수치듯 포개서 쭉 펴놓아요.

## 김밥 말기 시작

2

❶ 왼손으로 오른팔을 천천히 훑으며 내가 제일 좋아하는 맛의 김밥을 말아봐요. 왼손이 몸통에 가까워지면 팔꿈치를 서서히 접어요.

❷ 왼팔의 팔꿈치를 접은 채 왼손이 가슴 앞을 훑으며 지나가요.

## 김밥 끝까지 말기

3

❶ 왼손이 어깨를 지나 왼팔이 바닥에 붙어요.

❷ 접었던 팔꿈치를 쭉 펴서 왼쪽 손등을 바닥에 닿게 해요. 내 고개와 시선은 왼손을 따라가요. 가슴과 어깨 앞이 열리고, 팔이 쭉 늘어나는 느낌을 느껴봐요.

★ 집중  골반(엉덩이)은 시작했을 때처럼 옆면을 바라보고 있도록 노력해요.

## 다른 맛 김밥 말기

4

❶ 왼팔을 다시 팔꿈치부터 접고 가슴 앞을 훑으며 제자리로 돌아와요.

★ 집중  제자리로 돌아왔을 때 1번 동작처럼 옆으로 가지런히 누운 자세인지 확인해요.

❷ 3번 반복한 뒤 반대로 돌아누워 오른팔로 다른 종류의 김밥도 3줄 더 만들어 봐요.

# 모래 요정

나는 모래사장에 누워 있는 모래 요정.
내 팔과 허리를 쭉 펴서 모래를 멀리멀리 퍼트려요.

× 어깨·팔·허리 스트레칭 ×

---

## 준비 자세

**1**

❶ 하늘을 바라보고 누워요.

　　★ 집중　내 몸이 매트의 정가운데 오도록 누워요.

❷ 누워서도 키 크고 몸이 곧은 요정이 되도록 내 무릎은 엉덩이 너비로, 발은 무릎 너비로 벌려요.

❸ 무릎을 접고 발바닥을 바닥에 붙여 무릎으로 산을 만들어요. 두 팔을 양옆으로 펼쳐 손등이 바닥에 닿게 해요.

## 왼쪽 모래 퍼트리기

2

❶ 왼손으로 바닥의 모래를 훑으며 귀 옆으로 올라가요. 오른손은 바닥의 모래를 훑으며 엉덩이 옆으로 내려가요.

★ 집중 두 손이 움직일 때 손바닥이 아닌 손등으로 모래를 훑어야 해요.

❷ 고개와 시선은 왼쪽으로 돌려요.

## 모래 더 멀리 퍼트리기

**3**

❶ 무릎을 고개와 반대 방향인 오른쪽으로 돌려요.

★ 집중  팔과 무릎을 돌릴 때 모래를 퍼트리듯이 우아하게 움직여요.

❷ 무릎과 어깨를 바닥에 무겁게 눌러서 <mark>허리가 쭈욱 늘어나는 걸 느껴요.</mark>

## 오른쪽 모래 퍼트리기

4

❶ 이번엔 반대 방향으로 똑같이 움직여봐요. 바닥의 모래를 쓸어내듯 우아하게 오른팔을 귀 옆으로, 왼팔을 엉덩이 옆으로 내리고, 고개는 오른쪽으로 돌려요. 무릎은 왼쪽으로 내려갑니다.

★ 집중 반대 방향에서도 무릎과 어깨를 바닥에 무겁게 눌러 허리가 시원하게 늘어나는 느낌을 느껴봐요.

❷ 오른쪽, 왼쪽 방향을 바꿔 모래를 골고루 퍼트리며 3번씩 반복해요.

# 고개 촛불

바람이 불 때마다 살랑살랑 흔들리는 촛불이 되어볼까요?
생일케이크에 꽂을 멋진 초가 되어도 좋아요.
⁂ 목 스트레칭 ⁂

나는 양초!

## 양초 만들기

**1**

❶ 양팔은 허벅지 옆에 딱 붙이고 양초처럼 곧고 바르게 서요.

❷ 이제 우리 몸통은 아주 곧고 단단한 양초의 촛대이고, 고개는 촛불이에요. 성냥으로 불을 칙 붙이면, 바람을 따라 촛불처럼 고개를 부드럽게 움직여봐요.

## 왼쪽에서 바람이 슝~

2

❶ 바람이 왼쪽에서 불어요. 내 고개 촛불이 오른쪽으로 지그시 움직여요.

★집중 고개 촛불이 움직일 때도 몸통 촛대는 흔들림 없어요. 몸통은 양초처럼 바닥에 고정하며 곧게 서 있어요. 어깨가 말리거나 들썩이지 않게 팔과 손을 몸에 딱 붙이고 아래로 쭉 펴내서, 양초를 더욱 단단하게 만들어요.

# 바람 멈춤!

## 3

❶ 바람이 멈췄어요. 다시 고개 촛불이 제자리로 돌아와요.

> ★ 집중  고개 촛불이 제자리로 돌아오면 몸통 촛대가 곧고 단단하게 바른 자세로 서 있는지 확인해요.

멈췄다!

## 오른쪽에서 바람이 슝~

4

❶ 이번엔 오른쪽에서 바람이 불어요. 고개 촛불이 바람을 따라 왼쪽으로 지그시 움직여요.

★ 집중  고개 촛불이 흔들릴 때 몸통을 단단히 고정해요.

❷ 이제 바람이 왼쪽에서 한 번, 오른쪽에서 한 번, 앞에서 한 번, 뒤에서 한 번 분다고 상상하며 고개 촛불을 부드럽게 움직여요. 내 나이만큼 초를 여러 개 만들어서 고개 촛불이 잘 움직이는지 확인해요.

# 팔 페인팅

**LEVEL 0 07**

3회 반복

내 손등은 붓! 어깨와 팔을 쭉쭉 펴서
벽을 빠짐없이 아름답게 색칠해봐요.

* 굽은 어깨 교정 및 스트레칭 *

## 붓 준비하기

**1**

❶ 색칠하고 싶은 벽을 골라 <mark>등, 엉덩이, 뒤통수를 벽에 딱 붙이고 바르게 서요.</mark>

★ 집중  뒤꿈치는 벽에 완전히 붙이지 않고 엉덩이가 튀어나온 만큼 벽에서 살짝 떨어져 서요.

❷ 두 팔을 만세 하듯이 높이 들어 올려요. 내 손등이 붓이에요. 손등 붓이 벽에 닿게 해요. 어깨와 귀 사이는 멀게, 목은 우아하게 길어지는 느낌으로 길게 뻗어요.

## 물감 묻히기

**2**

❶ 그림을 그리기 전에 손등 붓에 물감을 묻혀볼까요? 팔꿈치를 어깨까지 내려 손등 붓에 좋아하는 물감을 톡 하고 묻혀요.

❷ 다시 팔을 위로 펴서 손등 붓을 머리 위로 올려 만세 자세로 돌아가요. 아직 물감이 충분히 묻지 않았네요! ==팔꿈치를 위아래로 올렸다 내리며 손등 붓에 물감을 충분히 묻혀요.==

★ 집중  물감을 묻힐 때 손등 붓과 팔꿈치가 벽에서 떨어지지 않도록 노력해요.

## 동그라미 그리기

**3**

❶ 붓에 물감을 충분히 묻혔으니 이제 동그라미를 그려봐요. 다시 두 팔을 만세 하듯이 들어 올려요.

❷ <mark>손등을 벽에 붙인 채 양팔을 엉덩이 옆까지 내려</mark> 손등 붓으로 큰 동그라미 하나를 그려요.

## 동그라미 더 그려서 벽 장식하기

**4**

❶ 동그라미를 하나 더 그려볼까요? 손등 붓을 벽에 잘 붙인 채, 양손으로 동그라미를 그리며 위로 쭉 뻗어 만세 자세를 만들어요.

❷ 방금 배운 것처럼 양 손등을 벽에 붙인 채 엉덩이 옆까지 내려 벽에 <mark>커다란 동그라미를 3개 그려봐요.</mark>

# 골반 댄스

골반을 앞, 뒤, 좌, 우로 움직여 부드럽게 춤을 춰봐요.
골반 댄스를 추는 동안 바른 골반 자세를 연습할 수 있어요.

✱ 골반 교정 ✱

## 준비 자세

**1**

❶ 의자에 바르게 앉아요.

　★ 집중　의자는 무릎을 접었을 때 발이 바닥에 편하게 닿는 높이로 준비해요.

❷ 의자에 바르게 앉으면 두 엉덩이 아래에 뾰족하게 튀어나온 뼈가 느껴질 거예요. 그 뼈를 앉는뼈(Sit Bone)라고 하는데 앉는뼈를 바닥에 잘 누르며 키가 커지는 느낌으로 허리와 등을 세워 앉아요.

## 골반 뒤로 보내기

2

❶ 바르게 앉아 숨을 들이마셔요.

❷ 숨을 후~ 내쉬며 배꼽을 쏙 넣고 골반을 뒤로 둥그렇게 기울여요. 바닥에 앉는뼈 뒷부분이 닿는 느낌이 나면 잘하고 있는 거예요.

★ 집중 골반을 뒤로 보낼 때 등이 골반을 따라 살짝 동그랗게 굽을 수 있지만, 어깨는 굽어지지 않게 노력해요.

## 골반 앞으로 기울이기

**3**

❶ 바르게 앉은 자세로 돌아와 숨을 들이마셔요.

❷ 내 골반에 물이 담겨 있다 상상해봐요. 숨을 후~ 내쉬며 물을 앞으로 쏟아내는 것처럼 골반을 앞으로 기울여요. 앉는뼈의 앞부분이 바닥에 닿는 느낌이 들 거예요.

❸ <mark>바르게 앉기 → 골반 뒤로 보내기 → 바르게 앉기 → 골반 앞으로 기울이기 자세를 3번 반복</mark>하면서 부드럽게 골반 댄스를 출 수 있도록 연습해요.

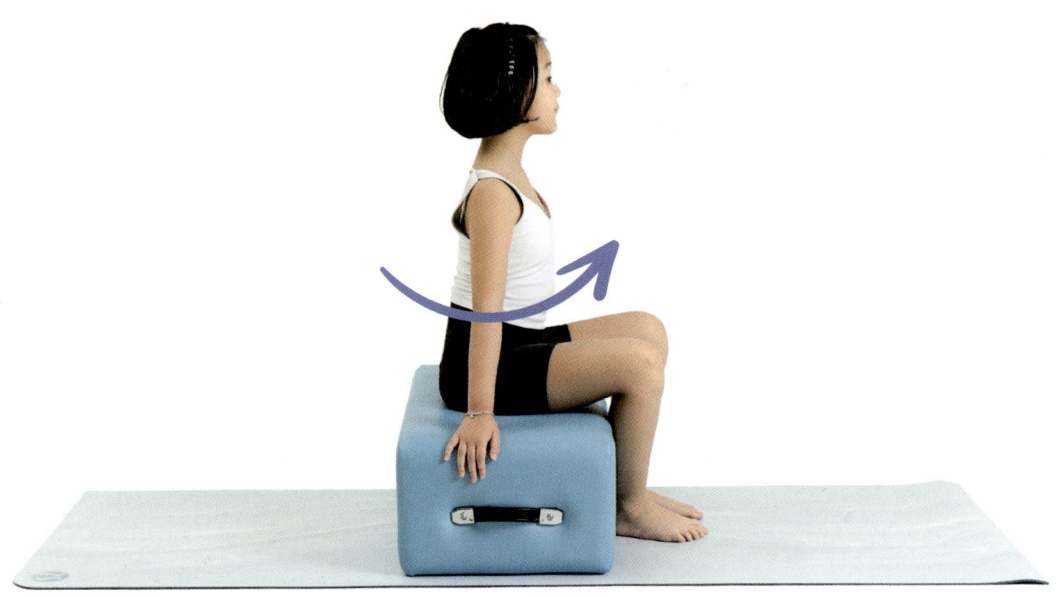

## 골반 좌우로 움직여 방귀 뿡뿡!

4

❶ 바르게 앉아 숨을 들이마셔요.

❷ 숨을 후~ 내쉬며 왼쪽 골반을 위로 살짝 들어 올려요. 마치 방귀가 뿡 나갈 수 있게 왼쪽 엉덩이를 살짝 들어주는 것처럼요.

❸ 다시 바르게 앉은 자세로 돌아와 숨을 들이마셔요.

❹ 숨을 내쉬며 이번엔 오른쪽 골반을 위로 살짝 들어 올려요. 오른쪽 엉덩이를 들썩여 방귀를 쉽게 내보내요. 오른쪽 앉는뼈가 바닥에서 살짝 뜨는 느낌이 나면 잘 연습하고 있는 거예요.

❺ 바르게 앉기 → 골반 왼쪽으로 보내기 → 바르게 앉기 → 골반 오른쪽으로 보내기 자세를 3번 반복하며 방귀 뿡뿡 골반 댄스를 연습해요.

 **LEVEL 0 09**

# 허리 무지개

 3회씩 반복

내 옆구리를 활짝 늘려 동그랗고 아름다운 무지개를 만들어요.

\* 옆구리 스트레칭 \*

## 준비 자세

**1**

❶ 의자에 바르게 앉아요.

★ 집중  의자는 무릎을 접었을 때 발이 바닥에 편하게 닿는 높이로 준비해요.

❷ 의자에 바르게 앉으면 두 엉덩이 아래에 뾰족하게 튀어나온 뼈가 느껴질 거예요. 그 뼈를 앉는뼈(Sit Bone)라고 하는데 **앉는뼈를 바닥에 잘 누르며 키가 커지는 느낌으로 허리와 등을 세워** 앉아요.

## 무지개 띄울 준비하기

## 2

❶ 숨을 들이마시며, 왼팔을 귀 옆으로 만세 하듯이 들어 올려요.

★ 집중  왼팔을 들어 올릴 때, 어깨가 으쓱하지 않고 목을 길고 우아하게 뻗어 어깨와 귀 사이가 멀어지게 유지해요. 몸통은 곧고 바르게 중심을 지켜요.

## 허리 무지개 만들기

**3**

❶ 숨을 내쉬며, 고개>가슴>허리 순서대로 몸을 오른쪽으로 동그랗게 늘여요. 허리를 동그랗게 늘릴 때 갈비뼈 사이사이가 열리는 느낌을 느껴요.

★ 집중 오른손으로 의자를 누르고 왼팔이 아래로 떨어지지 않게 유지해요. 오른쪽 어깨와 오른쪽 귀 사이에 말랑말랑한 과일이 끼여 있다고 상상하며 과일이 으깨지지 않게 노력해요.

## 반대편 하늘에 무지개 띄우기

4

❶ 숨을 들이마시며 상체를 곧게 세우고 팔을 귀 옆으로 붙여 제자리로 돌아와요.

★ 집중 상체가 돌아올 때, 골반 위에 척추뼈를 하나하나 탑 쌓는 느낌으로 천천히 돌아와요.

❷ 3번 반복한 뒤 이번엔 오른팔을 들어 반대편 무지개를 3번 더 만들어요.

**LEVEL 0**
**10**

# 등 무지개

3회 반복

내 척추를 앞뒤로 움직여
빨주노초파남보 일곱 빛깔 무지개를 한 칸 한 칸 쌓아봐요.
★ 등·가슴 스트레칭 ★

## 무지개 준비하기

**1**

❶ 의자에 바르게 앉아요.

　★집중　의자는 무릎을 접었을 때 발이 바닥에 편하게 닿는 높이로 준비해요.

❷ 의자에 바르게 앉으면 두 엉덩이 아래에 뾰족하게 튀어나온 뼈가 느껴질 거예요. 그 뼈를 앉는뼈(Sit Bone)라고 하는데 <mark>앉는뼈를 바닥에 잘 누르며 키가 커지는 느낌으로 허리와 등을 세워</mark> 앉아요. 척추는 내 고개부터 등>가슴>허리>골반까지 쭉 이어져 있지요. 이 척추가 위에부터 순서대로 빨주노초파남보 색깔이에요.

## 등에 둥그런 무지개 만들기

**2**

❶ 숨을 들이마시며 두 팔을 앞으로 나란히 들어 올려요.

❷ 숨을 내쉬며 빨간색 부분인 턱부터 아래로 당겨 무지개 만들 준비를 해요. 갈비뼈를 모아 닫고 배꼽을 쏙 넣으며 등을 뒤로 동그랗게 말아요. <mark>고개부터 가슴, 등, 골반까지 빨주노초파남보 모든 척추뼈가 동그래져요.</mark>

★ 집중   무지개를 만들 때 어깨가 너무 말리지 않고 골반과 등의 척추만 동그란 모양이 되도록 노력해요.

## 제자리로 돌아오기

3

❶ 숨을 들이마시며, 척추를 곧게 세워 바르게 앉은 자세로 돌아와요.

❷ 팔은 엉덩이 아래로 내려 잠시 쉬게 하고, 어깨는 넓고 곧게 펴요.

❸ 무지개를 곧게 한 번 세워요.

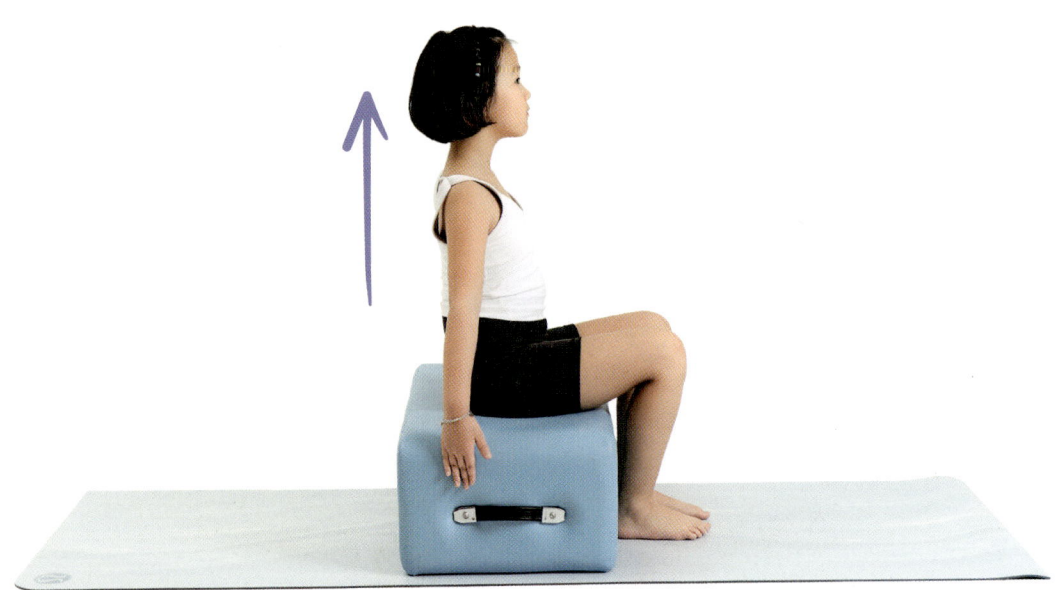

## 무지개를 하늘로 활짝!

4

❶ 숨을 들이마시며 두 팔을 앞으로 나란히 들어 올려요.

❷ 숨을 내쉬며 <mark>내 시선과 위 가슴이 하늘을 보듯이 들어 올려요.</mark> 빨주노초 무지개 위의 색들이 하늘을 향해 쭉 펼쳐져요.

> ★ 집중  허리가 너무 앞으로 꺾이지 않았는지 확인하고, 배꼽은 계속 등 뒤에 붙일 듯 넣어요. 갈비뼈도 닫도록 노력해요.

❸ <mark>무지개 준비하기 → 등에 둥그런 무지개 만들기 → 제자리로 돌아오기 → 무지개를 하늘로 활짝!을 3번 반복해요.</mark>

# 척추 오르골

오르골 태엽처럼 내 척추를 부드럽게 회전해서
우아한 소리가 나는 오르골이 되어봐요.

* 척추 유연성 향상 *

## 준비 자세

**1**

❶ 의자에 바르게 앉아요.

　★ 집중　의자는 무릎을 접었을 때 발이 바닥에 편하게 닿는 높이로 준비해요.

❷ 의자에 바르게 앉으면 두 엉덩이 아래에 뾰족하게 튀어나온 뼈가 느껴질 거예요. 그 뼈를 앉는뼈(Sit Bone)라고 하는데 <mark>앉는뼈를 바닥에 잘 누르며 키가 커지는 느낌으로 허리와 등을 세워 앉아요.</mark>

# 오르골 태엽 감기

2

❶ 숨을 들이마시며, 두 팔을 옆으로 나란히 들어 올려요.

❷ 숨을 내쉬며 내 가슴과 고개를 오른쪽으로 돌려요. 팔은 가슴이 회전된 만큼 자연스럽게 따라와요.

★ 집중  고개만 많이 돌아가지 않게 주의해요. 가슴이 회전된 만큼만 고개를 돌려요. 골반이 가슴을 따라가지 않도록 엉덩이를 의자에 착 붙이고, 발로 지그시 바닥을 눌러요.

❸ 숨을 들이마시며 다시 정면으로 돌아와요.

❹ 숨을 내쉬며 이번에는 내 가슴과 고개를 왼쪽으로 돌려요.

❺ 바르게 앉기 → 오른쪽으로 태엽 감기 → 바르게 앉기 → 왼쪽으로 태엽 감기를 3번 반복해요.

# LEVEL 0
## 12 스케이팅 & 얼음 낚시

**3회씩 반복**

꽁꽁 언 호숫가에서 스케이트를 타고, 얼음 낚시를 해볼까요?
신나는 겨울 놀이들로 바른 골반 자세를 연습하고 코어 근육을 단련할 수 있어요.

✳ 코어 근육 강화 ✳

## 준비 자세

### 1

❶ 의자에 바르게 앉아요.

> ★ 집중  의자는 무릎을 접었을 때 발이 바닥에 편하게 닿는 높이로 준비해요.

❷ 의자에 바르게 앉으면 두 엉덩이 아래에 뾰족하게 튀어나온 뼈가 느껴질 거예요. 그 뼈를 앉는뼈(Sit Bone)라고 하는데 **앉는뼈를 바닥에 잘 누르며 키가 커지는 느낌으로 허리와 등을 세워 앉아요.**

## 우아하게 스케이트 타기

**2**

❶ 나는 지금 꽁꽁 언 호숫가에 있어요. 내 두 발 아래는 미끄러운 얼음이 있답니다. 숨을 들이마시며 스케이트 탈 준비를 해요.

❷ 숨을 내쉬며 우아한 피겨스케이트 선수처럼 ==오른쪽 다리를 앞으로 부드럽게 쭉 밀어내요.==

❸ 숨을 들이마시며 다리를 다시 제자리로 천천히 끌고 와요.

❹ 숨을 내쉬며 다시 오른쪽 다리를 앞으로 쭉 밀어서 스케이트를 타요.

★ **집중** 이때, 바른 골반 자세를 유지하는 게 중요해요. 골반이 뒤로 기울거나 엉덩이가 들썩거리지 않도록 해요. 앉는뼈는 계속 의자를 잘 누르고 키 커지는 느낌으로 앉아서 동작해요.

❺ **3번 반복한 뒤 왼쪽 다리도 스케이트를 타봐요. 3번 반복해요.**

## 낚싯대 준비!

**3**

❶ 다시 의자에 바르게 앉아요.

❷ 이번엔 얼음 낚시를 해볼 거예요. 내 다리와 발이 낚싯대예요. 발바닥에는 물고기가 좋아하는 미끼가 달려 있어요.

# 물고기 낚기

4

❶ 숨을 들이마시며 낚시 준비를 해요.

❷ 앗, 물고기 한 마리가 내 발의 미끼를 물었어요! 이제 발바닥을 살살 들어 물고기를 얼음에서 꺼낼 거예요. 숨을 내쉬며, 오른쪽 다리를 살포시 얼음에서 떼어 위로 들어 올려요.

★ 집중 왼쪽 발로 얼음을 더 지그시 눌러 골반이 뒤로 기울거나 엉덩이가 들썩거리지 않도록 해요. 바르게 앉아 있는 자세를 유지하는 것이 중요해요. 앉는뼈는 계속해서 의자를 잘 누르고 키 커지는 느낌으로 앉아서 동작해요.

❸ 숨을 들이마시며 다리를 얼음에 살포시 다시 올려놓아요. 3번 반복한 뒤 왼쪽 다리로도 얼음 낚시를 3번 더 해봐요.

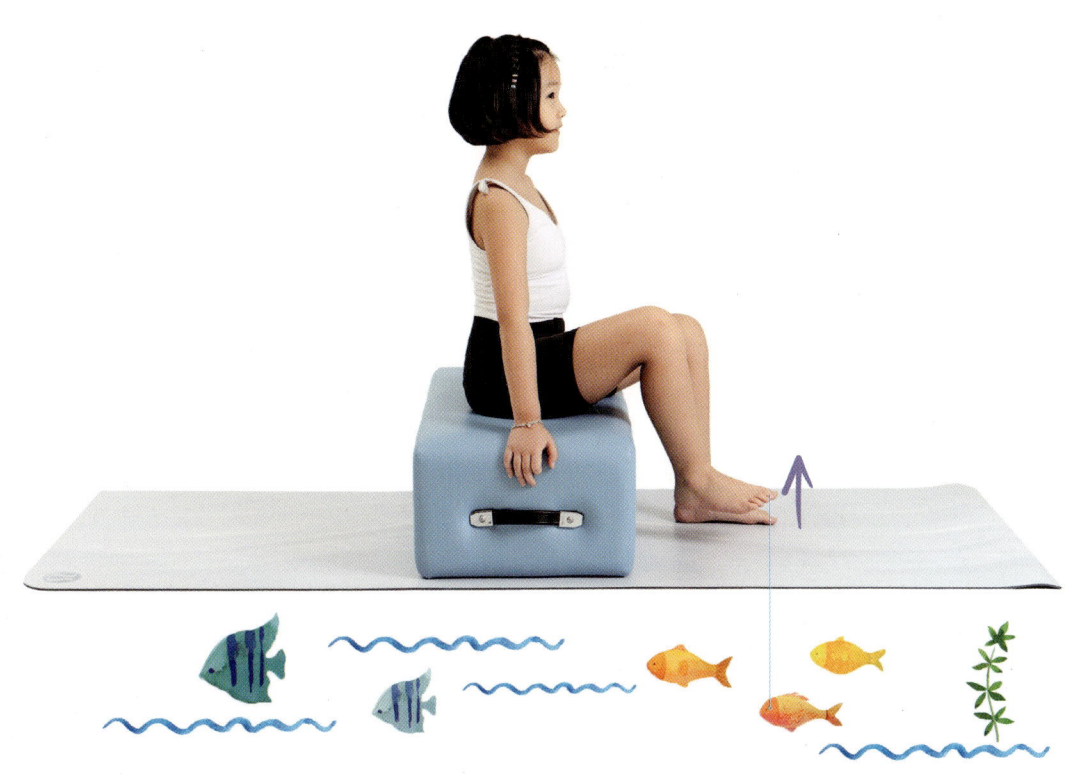

# 척추 인사

**3회씩 반복**

척추를 맨 위부터 하나씩 동그랗게 말아서
친절하게 "안녕하세요~" 인사하고 돌아와요.
✻ 척추 유연성 향상 ✻

## 준비 자세

**1**

❶ 바르게 선 자세에서 두 팔을 만세 하듯이 들어 올려요.

★집중 팔을 올릴 때 어깨가 함께 올라가지 않도록 노력해요. 어깨와 귀 사이는 멀어지고, 목은 우아하게 길어져요.

# Hello! 척추 인사하기

## 2

❶ 숨을 내쉬며 턱부터 끄덕하며 <mark>목의 맨 위 척추부터 한 마디씩 동그랗게 말아서 아래로 내려가요.</mark> 시선은 내 가슴을 지나요. 팔은 귀 옆을 따라 다이빙하듯 함께 내려가요.

❷ 계속 내려가다 보면 목 아래의 등 척추도 동그랗게 말아져요. 시선은 내 배꼽을 지나요. 갈비뼈를 안으로 모아 닫아서 등을 더 동그랗게 만들어요.

★ 집중 엉덩이가 뒤로 밀리지 않게 노력해요. 무릎을 다 펴고 내려가는 것이 어렵다면 무릎을 살짝 굽히고 따라 해요.

❸ 이제는 등 아래 허리의 척추가 동그랗게 말아져요. 시선은 무릎 사이 뒤쪽을 바라봐요. <mark>배꼽을 등 뒤로 붙이듯 쏙 넣어서 허리를 더 동그랗게 만들어요.</mark> 손이 바닥에 닿을 수 있다면 바닥에 닿게 해요.

★ 집중 처음에는 손이 바닥에 안 닿아도 괜찮아요. 반복해서 연습하다 보면 언젠가 닿게 될 거예요.

❹ 이대로 "안녕하세요~" 인사하듯 머무르며 호흡해요. 숨을 등 뒤로 보내듯 크게 들이마시고, 숨을 내쉴 때는 배꼽을 등 뒤로 쏙 붙이고 갈비뼈를 모아 닫아요. <mark>숨을 쉴 때 등과 다리 뒤가 늘어나는 것을 느껴요.</mark>

안녕하세요!

## Bye! 인사 마치고 올라오기

3

❶ 인사가 끝났으면 이제 숨을 들이마시며 올라오기 시작해요.

❷ 내려갈 때처럼 등부터 동그랗게 올라와요. **척추가 다시 한 마디 한 마디 쌓아 올려지는 것을 느껴봐요.**

❸ 숨을 내쉬며 어깨가 서서히 넓게 펴지고, 마지막으로 고개가 올라와요.

★ 집중  목과 등의 척추를 동그랗게 유지하며 올라와요.

## 인사 잘하는 멋쟁이 되기

4

❶ 고개와 함께 두 팔도 천천히 들어 올린 뒤 척추를 허리부터 목까지 곧게 세워요.

★ 집중  허리를 세울 때 배꼽을 등 뒤로 쏙 붙이고 갈비뼈도 안으로 모아 닫아요. 귀 옆에 만세 한 팔은 하늘로 쭉 뻗어요.

❷ 척추 인사하고 돌아오기를 3번 반복해요.

# 하늘에 별 달기

**3회씩 반복**

발끝에 별을 붙인 뒤 다리를 시원하게 뻗어
하늘에 반짝반짝 별을 수놓아요.

✻ 골반·다리·발목 스트레칭 ✻

## 준비 자세

**1**

❶ 하늘을 바라보고 누워요.

　　★ 집중 　내 몸이 매트의 정가운데 오도록 누워요.

❷ 누워서도 키 크고 곧은 몸이 되도록, 내 무릎과 발을 엉덩이 너비로 벌려요. 두 발 사이에 배꼽이 있고, 배꼽과 턱, 코가 일직선이 되도록 몸을 곧게 정돈해요.

❸ 무릎을 접고 발바닥을 바닥에 붙여 무릎으로 산을 만들어요.

## 하늘에 별을 톡! 붙이기

2

❶ 왼발을 들고 두 손으로 왼쪽 허벅지 뒤쪽을 감싸요. 왼발 끝에 별이 달려 있어요.

★ 집중   어깨가 바닥에서 너무 뜨지 않도록 바닥으로 계속 눌러요.

❷ 숨을 내쉬며 **왼쪽 다리를 쭉 펴서** 내 발끝에 있던 별을 하늘에 톡 붙여주어요.

★ 집중   하늘에 별을 붙일 때 엉덩이가 바닥에서 뜨지 않도록 노력해요.

## 두 번째 별 달기

**3**

❶ 숨을 들이마시며 무릎을 직각으로 접어요.

❷ 숨을 내쉬며 다시 다리를 쭉 펴요. 발등을 펴고 발끝까지 쭉 뻗어서 두 번째 별을 하늘에 달아요.

## 별 꾹꾹 눌러 붙이기

4

❶ 앗, 별이 하늘에 딱 붙어 있어야 하는데 조금 덜 붙었나봐요. 숨을 들이마시며 발목을 몸쪽으로 접어서 발뒤꿈치로 별을 꾹꾹 눌러 하늘에 단단히 박아주어요.

❷ 숨을 내쉬며 다시 발등을 쭉 펴요.

❸ 별을 세 개 달아준 뒤 오른발로도 하늘에 별 세 개를 달아봐요.

# 다리 색종이 접기

두 다리를 색종이처럼 안쪽과 바깥쪽으로
접었다 펴며 골반 스트레칭을 해요.

✽ 골반 스트레칭 ✽

3회씩 반복

## 준비 자세

**1**

❶ 하늘을 바라보고 누워요.

★ 집중  내 몸이 매트의 정가운데 오도록 누워요.

❷ 몸을 곧게 펴고, 내 무릎과 발을 엉덩이 너비로 벌려요.

## 다리 색종이 접기

2

❶ 숨을 들이마시며 왼쪽 무릎을 접어 발뒤꿈치를 엉덩이 쪽으로 끌고 와요.

★ 집중  발을 엉덩이 쪽으로 끌고 올 때 무릎이나 발이 바깥이나 안쪽으로 벌어지지 않고 하늘을 향하며 움직이도록 노력해요.

## 다리 색종이 펼치기

3

❶ 숨을 내쉬며 왼쪽 무릎을 바깥으로 펼쳐서 바닥에 붙게 해요.

★집중 색종이를 접을 때 꾹꾹 힘주어 눌러야 잘 접히듯 무릎과 엉덩이로 바닥을 꾹꾹 눌러요. 오른쪽 엉덩이는 바닥에서 뜨지 않도록 노력해요.

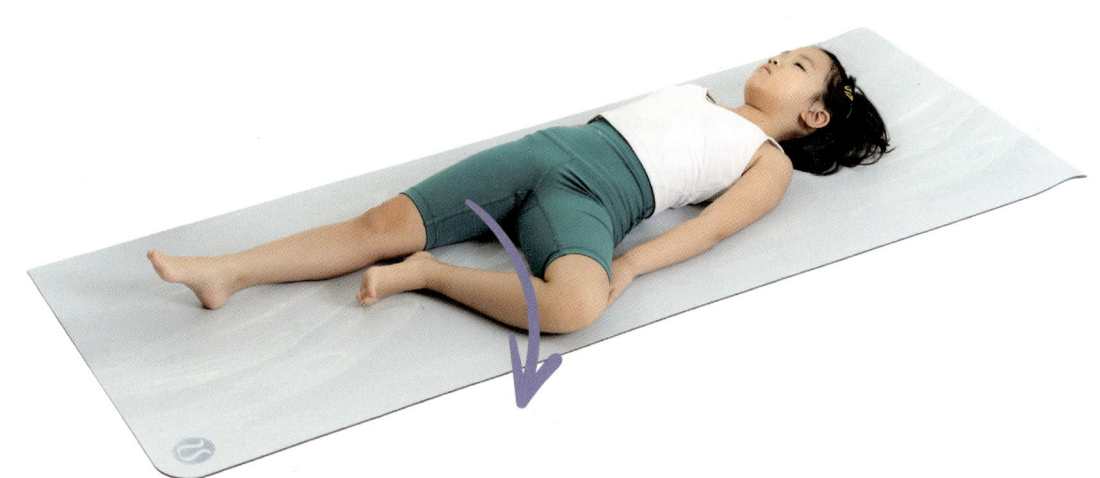

# 색종이 여러 번 접기

4

❶ 숨을 들이마시며 다시 무릎을 세워요. 허벅지 뼈가 움직이며 골반 주위가 시원해지는 것을 느껴요.

❷ 왼쪽 무릎을 안으로 접었다 밖으로 펼치며 색종이를 3번 접어요. 오른쪽 다리로도 색종이를 3번 접어요.

# 솜사탕

**3회씩 반복**

어떤 맛의 솜사탕을 좋아해요? 블루베리맛? 초코맛?
좋아하는 맛을 두 가지 정해서 솜사탕을 만들어봐요.

★ 코어 근육 강화 ★

## 준비 자세

**1**

❶ 하늘을 바라보고 누워요. 무릎을 접어 산처럼 만들고 발바닥은 바닥에 붙여요. 팔을 쭉 펴서 엉덩이 옆 바닥에 두 손바닥을 붙여요.

★ 집중 ★ 내 몸이 매트의 정가운데 오도록 누워요.

❷ 어깨를 곧게 펴고 팔과 손바닥으로 바닥을 지그시 눌러요. 허리 뒤에 손가락이 들어갈 정도로 작은 공간을 만들면 골반을 바르게 둘 수 있어요. 어깨를 곧게 펴 어깨와 귀 사이는 멀리 보내고, 목은 우아하게 늘여요.

## 솜사탕 만들기

**2**

❶ 솜사탕 기계를 작동시켜 볼까요? 내 다리가 나무막대기예요. 다리를 들어 올리면 막대기에 솜사탕을 붙일 수 있어요. 숨을 들이마시며 준비해요.

❷ 숨을 내쉬며 왼쪽 다리 막대기를 들어 올려 좋아하는 맛 솜사탕을 한 가닥 붙여요.

❸ 숨을 들이마시며 다리 막대기를 다시 제자리로 돌려놔요.

❹ 숨을 내쉬며 배꼽을 쏙 넣고 왼쪽 다리 막대기를 들어 올려 솜사탕을 좀 더 크게 만들어요.

> ★ 집중  다리를 들어 올릴 때 골반이 뒤나 한쪽으로 기울지 않도록 집중해요. 배의 힘으로 솜사탕을 두둥실 띄워야 해요.

❺ 솜사탕이 점점 커져요. 숨을 들이마시며 다시 왼쪽 다리 막대기를 제자리에 내려놓아요. 3번 반복해 크고 맛있는 솜사탕을 만든 뒤 오른쪽 다리로 다른 맛 솜사탕을 3개 더 만들어요.

## 솜사탕 만들기 휴식!

**3**

❶ 무릎을 굽힌 채 발바닥을 바닥에 붙여 1번 준비 자세로 돌아와요.

❷ 무릎은 잘 접혀 있는지, 팔을 쭉 펴져 있는지, 두 발바닥과 엉덩이 옆에 있는 두 손바닥은 바닥에 잘 붙어 있는지 확인해요.

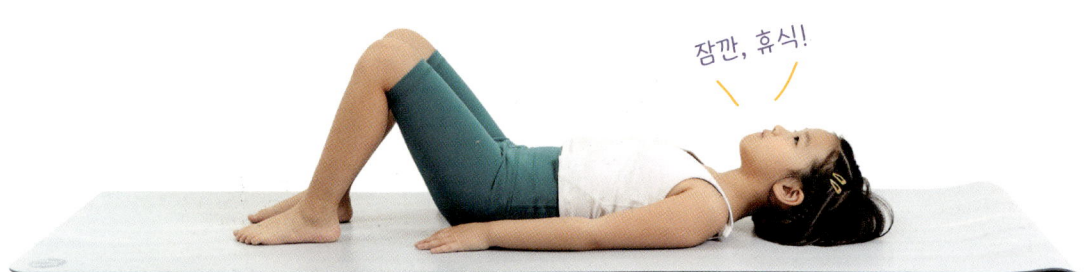

잠깐, 휴식!

## 솜사탕 더 맛있게 장식하기

4
❶ 왼쪽 다리 솜사탕을 들어 올려요.

❷ 오른쪽 다리 솜사탕도 나란히 들어 올려요.

❸ 두 다리 간격을 골반 너비로 유지하고, 두 다리 발등을 부드럽게 쭉 뻗어요.

## 트윙클 가루 묻히기

**5**

❶ 숨을 내쉬며 왼쪽 다리를 바닥으로 내려 솜사탕에 트윙클 가루를 콕 찍어요.

❷ 트윙클 가루를 다 찍었으면 숨을 들이마시며 배에 힘을 줘 솜사탕을 제자리로 돌려놔요.

★ 집중 다리 막대기를 움직일 때 골반이 뒤로 기울지 않도록 집중해요. 허리 뒤에 손가락이 살짝 들어갈 정도로 공간을 남겨두는 것도 잊지 말아요.

## 트윙클 가루 가득 묻히기

**6**

❶ 다시 한번 숨을 내쉬며 왼쪽 다리에 트윙클 가루를 좀 더 묻히러 내려가요.

> ★ 집중  무릎은 그대로 고정하고 골반의 앞만 펴서 배의 힘으로 내려가도록 해요.

❷ 숨을 들이마시며 솜사탕을 다시 제자리로 돌려놔요. 3번 반복한 뒤 오른쪽 다리 솜사탕에도 트윙클 가루를 잔뜩 묻혀요.

# 지구 히어로

튼튼한 내 팔다리로 지구를 들어 올린 뒤,
배 힘으로 지구가 흔들리지 않게 지켜내요!

✽ 코어 근육 강화 ✽

## 준비 자세

**1**

❶ 하늘을 바라보고 누워요.

★ 집중  내 몸이 매트의 정가운데 오도록 누워요.

❷ 무릎을 접어 산처럼 만들고 발바닥은 바닥에 붙여요. 팔을 쭉 펴서 엉덩이 옆 바닥에 두 손바닥을 붙여요. 어깨를 곧게 펴 어깨와 귀 사이를 멀리 보내고, 목은 우아하게 늘여요.

## 히어로 출동!

**2**

❶ 숨을 들이마시며 지구를 들어 올릴 준비를 해요.

❷ 숨을 내쉬며 지지대로 쓸 두 다리를 차례대로 들어 올려요.

> ★ 집중  다리를 들 때 골반이 뒤로 기울지 않도록 노력해요. 허리 뒤에 손가락이 살짝 들어갈 정도로 공간을 남겨두어요.

히어로 출동!

## 지구 번쩍 들어 올리기

**3**

❶ 두 팔을 앞으로 나란히 올려 지구를 들어 올려요. 이제 내 두 팔과 두 다리로 크고 무거운 지구를 떠받치고 있다고 상상해요.

❷ 지구가 떨어지지 않도록 10초 동안 그대로 자세를 유지해요. 숨을 들이마시고 내쉬며 배 힘으로 팔과 다리를 그대로 고정해요.

## 외계인 공격에도 지구 지키기

4

❶ 이런! 외계인이 멋진 지구를 빼앗으러 온대요. 외계인이 공격해도 지구를 절대 뺏기지 않게 배에 힘을 주어 자세를 유지해요.

★ 집중  엄마, 아빠의 손이 외계인처럼 내 팔과 다리를 흔들어도 지구를 뺏기지 않게 자세를 유지하도록 노력해요.

# 척추 로켓 준비

LEVEL 0
18

3회 반복

내 몸을 곧고 날렵한 로켓으로 만들어요.
등을 활짝 펴면 로켓 발사 준비 완료!

✶ 척추 유연성 향상 ✶

## 준비 자세

**1**

❶ 바닥을 향해 엎드려요. 숨을 들이마시고 준비!

> ★집중  엎드릴 때, 매트 중간에 위치할 수 있도록 해요. 내 발, 무릎은 엉덩이 너비로 벌리고 두 발 사이 위에 배꼽, 턱, 코가 일직선이 되도록 내 몸을 일자로 곧게 엎드려요. 어깨와 귀 사이는 계속 멀어지고, 목은 우아하게 계속 길어져요. 팔은 길게 뻗어 엉덩이 옆에 두고, 손바닥이 하늘을 보게 해요.

❷ 숨을 내쉬며 팬티 앞으로 바닥을 지그시 누르고, 배꼽은 등 뒤로 붙일 듯 쏙 넣어요.

## 척추 로켓 만들기

2

❶ 숨을 들이마시며 고개를 들어 정면을 바라봐요.

> ★ 집중  머리가 한쪽으로 기울어지지 않게 노력해서 로켓이 앞을 보게 해요.

❷ 숨을 내쉬며 가슴 앞까지 들어서 로켓이 이륙하기 직전처럼 **등을 활짝 펴요**.

> ★ 집중  **허리가 너무 꺾이지 않도록 배꼽을 등 뒤로 쏙 붙이고** 발등은 바닥을 지그시 눌러요.

❸ 숨을 들이마시며 등>고개 순서로 바닥으로 내려와요.

❹ 다시 로켓을 준비하여 **3번 반복해요.**

로켓 준비!

# 택배 상자

**3회 반복**

내 두 팔, 다리로 소중한 물건이 담길 택배 상자를 만들어요!
어떤 물건을 배달할지 상상하면 더 재밌어요.

✳ 코어 근육 강화 ✳

## 택배 상자 접기

**1**

❶ 무릎을 바닥에 대고 엎드려 두 손으로 바닥을 짚어요.

❷ **어깨 아래에 손목, 골반 아래에 무릎, 무릎과 발은 골반 너비로 두어** 내 몸을 네모난 택배 상자처럼 반듯하게 만들어요. 발목은 접어서 발가락을 바닥에 붙이고 뒤꿈치는 바닥에서 떨어뜨려요.

★ 집중  허리가 아래로 휘어지거나 들려 골반이 기울지 않도록 해요.

## 택배 상자 단단하게 만들기

2

❶ 손바닥 전체로 계속 바닥을 밀어내고 어깨가 굽어지지 않도록 넓게 펼쳐요. 어깨는 등에 탁 붙여서 들썩이지 않게 해요. 고개는 바닥으로 떨어지지도 턱이 들리지도 않게 멀리 바라보며, 목을 길게 늘여요.

★ 집중  이때, 팔꿈치나 손목에 무게가 실리지 않도록 팔 근육을 사용해요.

❷ 10초 동안 그대로 자세를 유지하며 택배 상자를 단단하게 만들어요. 숨을 들이마시고 내쉬며 배와 엉덩이, 팔에 힘이 고루 들어가는 것을 느껴요. 고개가 아래로 떨어지지 않게 노력해요.

❸ 튼튼한 택배 상자를 3개 더 만들어요.

10초 유지!

| | |
|---|---|
| 20 | 우리 동네 무지개 |
| 21 | 허수아비 |
| 22 | 땅 다지기 |
| 23 | 1층 바닥 공사 |
| 24 | 척추는 내 거야! |
| 25 | 척추 공 굴리기 |
| 26 | 척추 브릿지 |
| 27 | 솜사탕 롤리팝 |
| 28 | 척추 로켓 발사 |
| 29 | 택배 상자 배송 |

하루에 2~3개 동작씩 배워요!

# LEVEL 1

## 우리 아이 유연성 기르기

레벨 1에서는 허리와 다리의 기초 유연성을 기르고 척추의 앞, 뒤, 좌, 우의 움직임을 이해하기 위한 10가지 동작을 배우게 됩니다. 바르지 못한 자세와 학업으로 굳었던 온몸을 깨우는 데 도움이 될 거예요. 아이가 이 레벨을 익히는 동안 레벨 0에서 배운 영재 숨쉬기를 동작과 함께 실시할 수 있도록 도와주세요. 올바른 호흡으로 척추 부근에 있는 속근육을 사용해야 척추를 더 부드럽게 움직이고 운동 효과를 높일 수 있답니다. 이 레벨에서는 하루에 2~3개 동작씩 배우는 것을 추천해요!

# LEVEL 1
## 20 우리 동네 무지개

**3~5회 반복**

허리를 활짝 늘여서 우리 동네에 띄울 아름다운 무지개를 만들어요.
팔을 쭉 뻗고 몸을 늘이는 동안 옆구리 근육이 늘어나 허리가 유연해져요.

* 옆구리·등 스트레칭 *

## 준비 자세

### 1

❶ 양반다리를 한 자세에서 오른발 뒤꿈치를 엉덩이 옆으로 보내 다리를 Z모양으로 만들어요.

> **집중** 두 무릎 사이에 선을 그어서 무릎이 같은 위치에 오게 하고, 골반도 똑같이 앞을 바라보게 앉아요.

❷ 엉덩이가 모두 바닥에 닿을 수 있도록 노력하며, 허리와 등을 바로 세워요.

> **집중** 바깥으로 접힌 다리의 골반이 바닥에 닿지 않을 수 있어요. 처음부터 닿지 않아도 괜찮아요. 하지만 꾸준히 연습하며 골반이 바닥에 닿도록 노력해봐요. 골반이 바닥에 잘 닿아 있어야 다음 동작에서 무지개를 만들었을 때 허리가 시원하게 늘어나요.

## 우리 동네 무지개 띄우기

2

❶ 숨을 들이마시며, 오른팔을 귀 옆으로 만세 하듯이 들어 올려요.

❷ 숨을 내쉬며, 고개>가슴>허리 순서대로 몸을 왼쪽으로 동그랗게 늘여요. 오른팔도 무지개의 일부라서 허리를 따라 길고 동그랗게 늘여요. <mark>허리를 동그랗게 늘일 때 갈비뼈 사이사이가 열리는 느낌을 느껴요.</mark>

★ 집중  오른팔이 아래로 떨어지지 않게 잘 들고, 목도 길고 우아하게 늘여요.

❸ 숨을 들이마시며 왼손으로 바닥을 지그시 눌러 팔, 등에도 힘이 들어가는 걸 느껴요. 무지개가 하늘에 잘 떠 있을 수 있도록 상체를 그대로 잘 유지해요.

## 무지개 옆 동네 나눠주기

**3**

❶ 멋진 무지개를 옆 동네에도 나눠줄까요? 숨을 내쉬며 위로 뻗었던 오른팔을 왼팔과 왼쪽 엉덩이 사이로 쭉 뻗어요.

❷ 가슴과 고개도 오른손을 따라 뒤를 바라보아요. 옆 동네 사람들도 무지개를 잘 볼 수 있게 가능한 만큼 가슴을 뒤로 돌려요. <mark>가슴을 뒤로 돌릴수록 등이 시원하게 늘어나는 것을 느껴요.</mark>

★ 집중 고개가 너무 아래로 떨어지지 않게 해서 무지개가 땅으로 가라앉지 않게 해주어요.

## 하늘 가득 무지개 띄우기

4

❶ 숨을 들이마시며 다시 가슴과 고개, 팔이 앞으로 돌아와요.

❷ 우리 동네 무지개 → 옆 동네 무지개 나눠주기를 차례대로 3~5번 반복해요.

❸ 오른쪽 무지개를 다 만들었으면 이번엔 왼쪽 팔로 무지개를 만들어 우리 동네와 옆 동네 하늘에 무지개를 띄워요. 3번 반복해요.

# 허수아비

LEVEL 1
21

3회씩 반복

나는 수박밭을 지키는 허수아비!
두 팔을 넓게 뻗고 상체를 양쪽으로 돌려 침입자가 없는지 살펴봐요.

* 척추 유연성 향상 *

## 준비 자세

**1**

❶ 양반다리를 하고 바른 자세로 앉아 준비해요.

❷ 두 팔을 옆으로 나란히 들어 올려 허수아비가 되어봐요. 나는 이제 수박밭을 지키는 허수아비예요.

★ 집중 골반을 바른 자세로 유지하는 것이 중요해요. 골반이 뒤로 기울거나 엉덩이를 들썩거리지 않도록 해요. 계속해서 앉는뼈를 바닥에 잘 누르고 키 커지는 느낌으로 곧게 앉아서 동작해요.

## 수박밭 살펴보기

**2**

❶ 오른쪽 밭을 먼저 살펴볼까요? 숨을 들이마시며 허수아비의 가슴과 고개를 오른쪽으로 돌려요.

★ 집중 가슴을 돌릴 때 골반이 따라가지 않도록 바닥에 착 붙여 두어요.

## 더 멀리 살펴보기

3

❶ 숨을 내쉬며 내 가슴과 고개를 더 오른쪽으로 돌려서 멀리 있는 수박들도 잘 있는지 살펴봐요.

★ 집중 고개와 팔은 가슴이 회전한 만큼만 따라가요. 고개만 많이 돌아가지 않도록 해요.

수박이 잘 있나~

## 왼쪽 밭 살펴보기

**4**

❶ 숨을 들이마시며 다시 정면으로 돌아와요.

❷ 이번엔 가슴과 팔을 왼쪽으로 돌려 왼쪽 밭도 살펴봐요.

❸ <mark>허수아비 정면 → 오른쪽 밭 멀리 살피기 → 허수아비 정면 → 왼쪽 밭 멀리 살피기를 3번 반복해요.</mark>

#  땅 다지기

다리와 엉덩이를 쭉쭉 늘여서 건물을 세울 땅을 다져요.
땅을 평평하게 잘 다져놔야 튼튼한 건물을 지을 수 있어요.
* 엉덩이 스트레칭 *

## 준비 자세

**1**

❶ 왼쪽 다리는 양반다리 하듯 안으로 접고 오른쪽 다리는 뒤로 쭉 펼쳐요.

❷ 두 손으로 바닥을 누르며 등과 어깨를 활짝 펴요. 접힌 왼쪽 다리 쪽 엉덩이가 묵직하게 늘어나고, 오른쪽 허벅지 앞이 늘어나는 것을 느껴요.

★ 집중 골반이 한쪽으로 기울어지지 않고 바닥과 수평이 되도록 노력해요.

## 땅 꾹꾹 다지기

**2**

❶ 숨을 들이마시며 두 손은 절하듯 이마 아래에 두고 상체를 바닥으로 내려요. 두 손으로도 바닥을 꾹 눌러서 땅을 넓게 펴요.

❷ 숨을 내쉬며 ==엉덩이가 한쪽으로 기울지 않게 바닥으로 꾹꾹 눌러== 땅을 평평하게 다져요. ==다리를 뒤로 쭉 펼수록, 엉덩이가 늘어날수록 더 넓은 땅을 다질 수 있어요.==

❸ 땅을 다 다졌으면 다리를 바꿔 반대편 땅도 다져요. ==오른쪽, 왼쪽 3번씩 반복해요.==

# 1층 바닥 공사

건물을 올리기 전 1층 바닥 공사부터 해볼까요?
엉덩이로 바닥을 꾹꾹 눌러 흔들림 없이 안전한 바닥을 만들어요.

✻ 엉덩이 스트레칭 ✻

## 준비 자세

**1**

❶ 하늘을 바라보고 누워요.

　★집중　내 몸이 매트의 정가운데 오도록 누워요.

❷ 내 무릎은 엉덩이 너비로 벌리고, 발바닥은 바닥에 붙여요. 두 발 사이 위에 배꼽이 있고, 배꼽과 턱, 코가 일직선이 되도록 몸을 곧게 정돈해요. 어깨는 곧게 펴 어깨와 귀 사이를 멀리 보내고, 목도 우아하고 길게 늘여요.

## 튼튼한 바닥 만들기

**2**

❶ 왼쪽 무릎을 바깥으로 접어서 왼발을 오른쪽 허벅지 위에 올려요.

❷ 두 손으로 오른 허벅지 뒤를 잡아 몸쪽으로 살짝 당겨요.

> ★ 집중  다리를 몸쪽으로 당길 때 어깨가 바닥에서 너무 뜨지 않도록 계속 눌러 놓아요.

❸ 숨을 들이마시며 어깨, 등, 골반이 바닥에 잘 붙어 있도록 지그시 눌러요.

❹ 숨을 내쉬며 두 손으로 ==오른 다리의 허벅지를 몸쪽으로 살짝 당겨요. 엉덩이는 바닥에 더 꾹 눌러 붙여== 1층 바닥이 들뜨지 않게 해요.

❺ ==10초 동안 이 자세를 유지==하며 지진이 나도 흔들림이 없는 바닥을 만들어요. 엉덩이가 시원해지는 것을 느끼며 ==3번 더 반복해요.==

> ★ 집중  턱 밑에 말캉말캉한 귤이 끼워져 있다 상상해요. 귤이 으깨지지 않도록 턱과 가슴 사이 작은 공간을 유지해요.

❻ ==왼쪽 다리도 3번 연습해요.==

# 척추는 내 거야!

척추를 내 마음대로 움직이는 것은 정말 중요해요!
코어 힘을 길러 척추를 자유자재로 움직여요.

✱ 코어 근육 강화 ✱

## 준비 자세

**1**

❶ 두 무릎을 접어 산처럼 만들고 발바닥은 바닥에 붙여 앉아요.

　　**집중** 엉덩이 아래 앉는뼈를 잘 누르고 키가 커지는 느낌으로 골반과 등을 바르게 세워서 앉아요.

❷ 숨을 들이마시며 팔을 앞으로 나란히 들어 올려요. 내 등 아래에 있는 **골반부터 허리>등>가슴>고개 순서대로 모두 곧게 서 있는 것을 느껴요.**

## 바닥 향해 내려가기

2

❶ 숨을 내쉬며 배꼽을 등쪽으로 쏙 당겨 골반 댄스 동작을 했을 때처럼 골반을 뒤로 기울여요.

❷ 숨을 들이마시며 다리를 서서히 펴고, 척추 아래쪽부터 한 마디씩 동그랗게 말며 바닥을 향해 천천히 내려가요.

## 완전히 눕기

**3**

❶ 등과 목 뒤쪽 척추까지 순서대로 천천히 바닥에 내려 완전히 누워요. 팔은 머리 위로 만세 해요.

★ 집중  완전히 바닥에 내려왔을 때 내 몸이 일자로 곧게 누울 수 있도록 노력해요.

❷ 숨을 들이마시며 다시 올라갈 준비를 해요.

## 척추 하나씩 쌓아 올라오기

4

❶ 숨을 내쉬며 턱부터 끄덕하고 올라와요.

❷ 갈비뼈를 모아 닫으며 고개>등 순서대로 척추를 한 마디씩 바닥에서 떨어지게 해서 위로 올라와요.

> ★집중 어깨가 말리지 않게 어깨를 곧게 펴요. 손 사이 간격이 좁아지지 않고 어깨너비 간격을 유지해요. 턱 밑에 말캉말캉한 귤이 끼워져 있다 상상하며 귤이 으깨지지 않도록 턱과 가슴 사이 작은 공간을 유지해요.

❸ 숨을 들이마시며 무릎을 천천히 접어요. 척추는 계속해서 하나하나 쌓아 올리는 느낌으로 상체를 천천히 위로 세워요.

❹ 숨을 내쉬며 골반과 등, 고개를 완전히 세워 1번 자세로 돌아와요.

❺ 동작을 5번 반복하며 척추를 내 마음대로 움직일 수 있도록 연습해요.

# LEVEL 1
## 25 척추 공 굴리기

**10회 반복**

척추를 동그랗게 말아 공을 만들어봐요!
농구공? 축구공? 좋아하는 공으로 상상하면 더 재밌어요!
✻ 등 마사지 ✻

## 준비 자세

**1**

❶ 두 무릎을 접어 산처럼 만들고 두 팔을 앞으로 나란히, 발바닥은 바닥에 붙여 앉아요.

★ 집중  엉덩이 아래 앉는뼈를 잘 누르고 키가 커지는 느낌으로 골반과 등을 바르게 세워서 앉아요.

## 공 만들기

2

❶ 두 무릎을 붙이고 두 손으로 무릎 아래를 잡아요.

❷ 숨을 들이마시며 발바닥을 살짝 바닥에서 떼요.

❸ 숨을 내쉬며 배꼽을 쏙 넣어서 골반을 뒤로 살짝 굴려요.

❹ 10초 동안 자세를 유지해요. 손은 다리를 살짝 당기고 있고, 다리는 손을 살짝 밀고 있어서, 팔과 다리에 팽팽한 긴장감을 유지해요. 배 힘으로 등이 동그랗게 유지되고 내 몸이 기우뚱거리지 않게 해요.

★ 집중 턱 밑에 말캉말캉한 귤이 끼워져 있다 상상해요. 귤이 으깨지지 않도록 턱과 가슴 사이 작은 공간을 유지해요.

## 공 데구르르 굴리기

3

❶ 이제 공을 데굴데굴 굴려볼까요? 숨을 들이마시며 바닥으로 데구르르 구르듯 내려가요.

★ 집중  공을 굴릴 때 뒤통수가 바닥에 닿지 않을 때까지만 내려가요. 다리를 잡은 손이 풀리지 않도록 다리를 잘 모으고 두 손에 힘을 주어 다리를 잘 잡아요.

데구르르~

# 공 10번 굴리기

## 4

❶ 숨을 내쉬며 다시 굴러서 돌아와요. 굴렀다 돌아올 때 <mark>척추가 하나씩 바닥에 닿았다가 떨어지는 느낌을 느껴요</mark>.

> ★ 집중  이때, 발이 바닥에 닿기 전까지만 돌아와요. 처음 바닥으로 굴러갔다 올라올 때 옆으로 기우뚱거리거나 한 번에 올라오기 어려울 수 있어요. 두 다리가 벌어지지 않게 힘주고, 두 손으로 다리를 꽉 잡은 뒤 배에 힘을 더 주어 올라올 수 있도록 연습해요.

❷ <mark>바닥으로 굴렀다가 다시 돌아오기를 10번 반복해요.</mark>

10번 더!

# 척추 브릿지

두 다리로 튼튼한 기둥을 세우고 엉덩이를 번쩍 들어 올려
안전한 다리를 건설해요.
*** 코어 근육 강화 ***

## 준비 자세

**1**

❶ 하늘을 바라보고 누워요.

❷ 무릎을 굽혀 산처럼 세우고 발도 무릎 너비로 벌려요. 두 발 사이에 배꼽이 있고, 배꼽과 턱, 코가 일직선이 되도록 몸을 일자로 곧게 정돈해요.

★ **집중** 어깨를 곧게 펴 어깨와 귀 사이를 멀리 보내고, 목은 우아하게 길게 늘여요. 팔과 손바닥으로 바닥을 지그시 누르고 허리 뒤에 손가락이 살짝 들어갈 정도로 공간을 만들어서 골반을 바르게 두어요.

## 다리 건설하기

**2**

❶ 숨을 들이마시며 발바닥, 손바닥, 뒤통수가 바닥에 잘 닿아 있도록 지그시 눌러요.

❷ 숨을 내쉬며 배꼽을 쏙 넣고 갈비뼈를 모아 닫아요. 골반을 뒤로 기울여서 허리가 바닥에서 떠 있던 공간을 없애요.

❸ 엉덩이를 들어 올릴 때 골반에 있던 물이 배꼽으로 쏟아진다고 상상하며 엉덩이를 배쪽으로 동그랗게 말아요. 척추를 하나씩 바닥에서 떼어내서 엉덩이가 하늘을 향해 올라가며 브릿지를 만들어요.

★ 집중  엉덩이를 들어 올릴 때 허리 앞으로 훅 밀어서 올라오지 않게 하고, 배, 엉덩이 힘을 사용해 올라와요.

## 사람들이 다리 건너게 도와주기

**3**

❶ 사람들이 다리를 건너갈 수 있도록 <mark>20초 동안 호흡하며 그대로 자세를 유지</mark>해요.

> ★ 집중  자세를 유지할 때는 엉덩이가 밑으로 떨어지지 않도록 골반을 바짝 들어 올려서 편평한 브릿지를 유지해요.

❷ 숨을 들이마시며 <mark>두 엉덩이의 높이에 신경 써 다리가 한쪽으로 기울지 않게 해요.</mark> 숨을 내쉬며 발뒤꿈치는 바닥을 더 누르고, 배꼽은 등으로 붙일 듯 더 쏙 넣고, 갈비뼈를 모아 닫아요.

❸ 숨을 들이마시며 팔은 더 바닥을 누르며 어깨를 넓게 펴요. 숨을 내쉬며 무릎과 정수리를 점점 더 멀리 보내 사람들이 다리를 편하게 건너갈 수 있도록 도와줘요.

## 제자리로 돌아오기

4

❶ 사람들이 다리를 다 건넌 것 같으니 숨을 들이마시며 척추의 윗부분부터 내려가요.

❷ 등>허리>골반 순서대로 바닥에 닿도록 <mark>천천히 척추를 동그랗게 말아 내려가요.</mark>

> ★ 집중  턱 밑에 말랑말랑한 과일이 있다고 상상하고, 그 과일이 으깨지지 않게 조심히 내려와요. 어깨도 말리지 않게 활짝 펴요.

❸ 다시 골반과 엉덩이를 천천히 들어 올리며 <mark>동작을 5번 반복</mark>해서 척추 브릿지를 안전하게 건설해요.

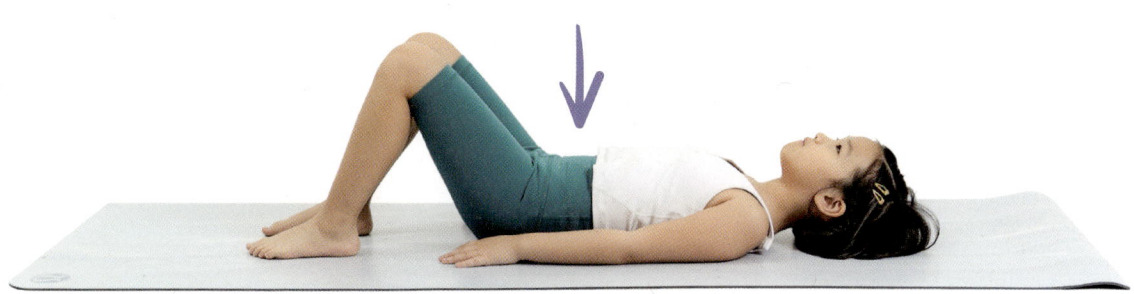

# 솜사탕 롤리팝

다리로 만든 솜사탕 안에 머리 사탕을 콕 넣어서
달콤한 롤리팝을 완성해요.

✳ **복부 근육 강화** ✳

## 준비 자세

**1**

❶ 하늘을 바라보고 누워요. 무릎을 접어 산처럼 만들고 발바닥은 바닥에 붙여요. 팔을 쭉 펴서 두 손을 엉덩이 옆에, 손바닥은 바닥에 붙여요.

★ 집중  내 몸이 매트의 정가운데 오도록 누워요.

❷ 어깨를 곧게 펴고 팔과 손바닥으로 바닥을 지그시 눌러요. 허리 뒤에 손가락이 들어갈 정도로 작은 공간을 만들면 골반을 바르게 둘 수 있어요. 어깨를 곧게 펴 어깨와 귀 사이는 멀어지고, 목은 우아하게 길어져요.

## 솜사탕 두둥실 들어 올리기

2

❶ 두 다리 막대기에 솜사탕이 달려 있어요. 숨을 들이마시며 왼쪽 다리 솜사탕을 두둥실 들어 올려요.

❷ 숨을 내쉬며 오른쪽 다리 솜사탕도 들어 올려요.

❸ 오른쪽 다리 솜사탕과 왼쪽 다리 솜사탕은 골반 너비를 유지해요. 발등은 부드럽게 쭉 뻗어 두어요.

★ 집중  허리는 바닥에 완전히 붙이지 않고, 허리 아래에 손가락이 살짝 들어갈 정도로 공간을 만들어서 골반을 바르게 두어요.

## 롤리팝 콕콕 더하기

3

❶ 숨을 들이마시며 두 팔을 앞으로 나란히 들어 올려요. 머리 위에 달콤한 사탕이 올려져 있어요.

❷ 고개를 올려 솜사탕 안에 사탕을 콕콕 박아봐요. 숨을 내쉬며 <mark>팔을 엉덩이 옆으로 뻗어 내리고 턱부터 끄덕하며 고개가 무릎 쪽으로 올라가요. 고개가 올라올 때 등도 바닥에서 살짝 떨어져요.</mark>

★ 집중  턱 밑에 말랑말랑한 과일이 있다고 상상하고, 그 과일이 으깨지지 않게 조심히 올라와요. 시선은 두 솜사탕 사이를 바라봐요.

## 솜사탕 롤리팝 여러 개 만들기

4

❶ 숨을 들이마시며 머리 사탕도, 팔도 다시 제자리로 돌아와요.

❷ 동작을 5번 반복하며 엄마, 아빠, 친구들에게 나눠줄 솜사탕 롤리팝을 여러 개 만들어요.

★ 집중 아랫배 힘으로 두 다리가 아래로 떨어지지 않게 하고, 윗배 힘으로 머리 사탕을 들어 올려요.

# 척추 로켓 발사

LEVEL 1 · 28 · 3회 반복

내 몸은 곧고 날렵한 로켓.
등과 가슴을 활짝 펴내 로켓을 하늘 높이 발사해요!

* 척추 유연성 향상 *

## 준비 자세

**1**

❶ 바닥을 향해 엎드려요.

> ★ 집중  엎드릴 때 매트의 중간에 내 몸이 위치할 수 있도록 해요. 내 발과 무릎은 엉덩이 너비로 벌리고, 두 발 사이 위에 배꼽, 턱, 코가 일직선이 되도록 내 몸을 일자로 곧게 엎드려요.

❷ 팔꿈치를 굽혀 두 손을 어깨와 얼굴 사이에 두어요. 숨을 들이마시고 준비!

❸ 숨을 내쉬며 팬티 앞부분으로 바닥을 지그시 누르고, 배꼽은 등 뒤로 붙일 듯 쏙 넣어요. 발등도 바닥을 지그시 눌러요.

## 로켓 하늘 높이 발사!

**2**

❶ 숨을 들이마시며 고개를 바닥에서 들어 올려 서서히 로켓을 띄워요.

❷ 숨을 내쉬며 손바닥으로 바닥을 눌러 가슴>등>허리 순서대로 올라와 로켓을 발사해요. 팔을 쭉 펴고 가슴, 등이 활짝 펴지는 것을 느껴요.

❸ 이 자세를 10초 동안 유지해 로켓을 하늘 높이 쏘아 올려요. 손바닥 전체로 계속 바닥을 밀어내고 어깨는 넓게 펼쳐요. 어깨는 등에 탁 붙여서 어깨가 들썩이지 않게 해요. 어깨와 귀 사이는 계속 멀리 보내 목을 길게 늘여요.

★ 집중 허리가 너무 꺾이지 않도록 배꼽을 등 뒤로 쏙 붙이고 발등은 바닥을 지그시 눌러요.

❹ 숨을 들이마시며 다시 허리>등>가슴>고개 순서대로 내려와 로켓을 정비해요. 3번 반복해요.

★ 집중 내려올 때도 손바닥 전체로 계속 바닥을 밀어내며 팔과 등 근육을 골고루 사용해야 다음 로켓을 더 안전하고 더 높이 발사할 수 있어요.

로켓 발사!

# 택배 상자 배송

반듯하게 만든 택배 상자에 소중한 물건을 담아 배달해요.
어떤 물건을 담아 누구 집에 배달할지 상상하면 더 재밌어요!

✱ 코어 근육 강화 ✱

## 택배 상자 접기

**1**

❶ 무릎을 바닥에 대고 엎드려 두 손으로 바닥을 짚어요.

❷ <mark>어깨 아래에 손목, 골반 아래에 무릎, 무릎과 발은 골반 너비로 두어</mark> 내 몸을 네모난 택배 상자처럼 반듯하게 만들어요. 발목을 접어서 발가락을 바닥에 붙이고 뒤꿈치는 바닥에서 떨어뜨려요.

> ★ 집중  어깨 아래에 손목, 골반 아래에 무릎이 정확히 위치해서 네모난 모양이 되었는지 확인하고 허리가 아래로 처지거나 들려 골반이 기울지 않도록 해요.

❸ <mark>손바닥 전체로 계속 바닥을 밀어내요. 어깨는 굽어지지 않도록 넓게 펼치고</mark> 등에 탁 붙여서 들썩이지 않게 해요. 고개는 바닥으로 떨어지거나 턱이 들리지 않게 멀리 바라보며, 목을 계속 길게 늘여요.

> ★ 집중  팔꿈치나 손목에 무게가 실리지 않도록 하고 팔 근육을 사용해요.

## 택배 배송 출발!

**2**

❶ 이제 소중한 물건을 싣고 택배 배송을 시작해볼까요? 숨을 들이마시며 준비해요.

❷ 숨을 내쉬며 **바닥에서 무릎을 3cm 들어 올려** 배송을 시작해요.

> ★ 집중 무릎은 바닥에서 딱 3cm만 들어 올려야 물건을 안전하게 배송할 수 있어요.

❸ **10초 동안 이 자세를 유지**하며 도착지까지 안전하게 배송해요.

> ★ 집중 무릎을 들 때 골반이 뒤로 기울지 않도록 골반 자세를 바르게 유지해요. 목과 어깨는 계속 멀어지고 **팔 근력을 사용하여 손목이 아프지 않게 해요.**

❹ 10초 후에 배송지에 도착하면 "택배왔어요~"라고 알려주고 배송을 마무리해요. 무릎을 다시 바닥에 대고 준비 자세로 돌아와요.

> ★ 집중 무릎을 바닥에 댈 때 쿵 소리가 날 정도로 세게 내리면 택배 상자가 구겨져요! 무릎은 사뿐히 바닥에 내려요.

❺ **동작을 5번 반복하며** 물건들을 여러 집에 배송해요.

30 한라산 무지개
31 척추 브릿지 테스트
32 척추 공 드리블
33 꼬마 빌딩
34 아기 새 알깨기
35 개구리 점프
36 우리 집 식탁

하루에 1~2개 동작씩 배워요!

# LEVEL 2

## 우리 아이 척추 운동 능력 기르기

필라테스는 척추 조절 능력을 기르는 것이 정말 중요해요. 키 성장뿐만 아니라 키 성장에 필수인 바른 자세를 달성하는 데 꼭 필요한 것이 이 척추 조절 능력이랍니다. 이 레벨에서 우리 아이가 자신의 척추를 자유자재로 움직일 수 있는 힘을 키우는 7가지 동작을 배우게 됩니다. 또한 레벨 2부터는 신체 여러 부위를 함께 사용하는 복합 동작들을 배우기 시작해요. 하루에 1~2개 동작씩 따라 하며 몸 이곳저곳의 근육들이 서로 협동할 때 몸이 더 단단해지는 기분을 느끼도록 도와주세요.

# LEVEL 2
# 30 한라산 무지개

3회씩 반복

다리와 허리를 옆으로 활짝 펼쳐
한라산 위에 높이 띄울 아름다운 무지개를 만들어요.
\* 옆구리·다리 스트레칭 \*

## 준비 자세

**1**

❶ 왼쪽 다리는 안으로 접고 오른쪽 다리는 펼쳐 앉아요. <mark>두 무릎이 일직선이 되도록 두 다리를 같은 너비로 벌려요.</mark>

★집중 다리를 너무 많이 벌리면 골반이 비뚤어질 수 있으니 두 골반이 정면을 볼 수 있는 만큼만 다리를 벌려요.

❷ <mark>오른쪽 다리의 무릎과 발등이 하늘을 보도록 해요.</mark> 두 골반의 앉는뼈는 모두 바닥에 닿을 수 있도록 하며, 골반과 등을 바로 세워요. 두 다리로 바닥을 눌러서 키 커진 느낌을 유지해요.

❸ 숨을 들이마시며 왼팔을 만세 하듯 귀 옆으로 들어 올려요.

# 한라산 무지개 띄우기

## 2

❶ 숨을 내쉬며 <mark>고개＞가슴＞허리 순서대로 동그랗게 허리를 늘여</mark> 아름다운 무지개를 만들어요. 갈비뼈 사이가 열리는 듯한 느낌이 나요.

★ 집중  왼팔은 툭 떨어지지 않게 잘 들고, 목은 길게 뻗어 우아한 자세를 유지해요. 내 몸통의 앞뒤로 벽이 있다고 상상하며, <mark>고개가 앞으로 숙여지거나 등이 뒤로 굽지 않게 노력해요.</mark>

## 제자리로 돌아오기

**3**

❶ 숨을 들이마시며 다시 상체를 세우고 왼팔을 귀 옆으로 만세 하며 돌아와요. 3번 반복해요.

★ 집중  상체를 세우며 돌아올 때는 배의 힘을 이용해 골반 위에 척추를 탑 쌓듯이 천천히 돌아와요.

3번 더!

## 반대편 하늘에 무지개 띄우기

4

❶ 이번엔 반대쪽 허리로 한라산 무지개를 3개 더 띄워요.

★ 집중  무지개를 만들 때 두 다리가 바닥에서 뜨지 않도록 꾹꾹 눌러요. 노력해도 다리가 바닥에서 뜬다면 두 다리를 벌린 각도를 조금 줄여서 연습해요.

# LEVEL 2
## 31 척추 브릿지 테스트

3회씩 반복

내가 만든 브릿지를 양옆으로 기울여
많은 사람과 차가 지나가도 안전한지 테스트해요.
* 코어 근육 강화 *

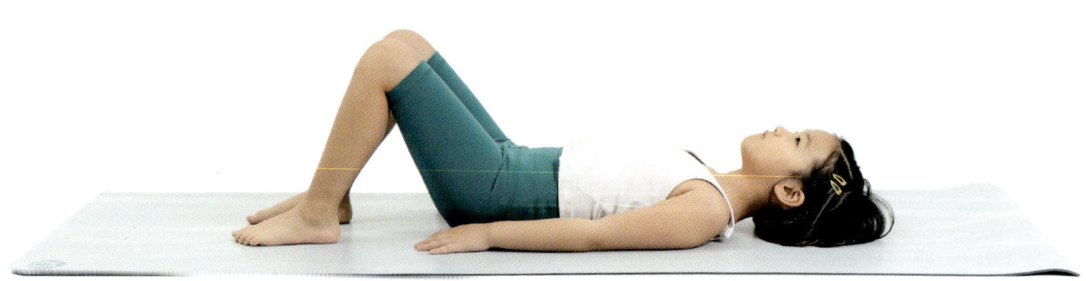

## 준비 자세

❶ 하늘을 바라보고 누워요.

❷ 무릎을 굽혀 산처럼 세우고 발도 무릎 너비로 벌려요. 두 발 사이에 배꼽이 있고, 배꼽과 턱, 코가 일직선이 되도록 몸을 일자로 곧게 정돈해요.

★ 집중 어깨를 곧게 펴 어깨와 귀 사이는 멀리 보내고, 목은 우아하게 늘여요. 팔과 손바닥으로 바닥을 지그시 누르고 허리 뒤에 손가락이 살짝 들어갈 정도로 공간을 만들어서 골반을 바르게 두어요.

## 다리 건설하기

2

❶ 숨을 들이마시며 발바닥, 손바닥, 뒤통수를 바닥에 지그시 눌러요.

❷ 숨을 내쉬며 배꼽을 쏙 넣고 갈비뼈를 모아 닫아요. 골반을 뒤로 기울여서 허리를 바닥에 붙여요.

❸ <mark>척추를 하나씩 바닥에서 떼어내며 엉덩이를 들어 올려</mark> 브릿지를 만들어요. 골반에 물이 고여 있고 그 물이 배꼽으로 쏟아진다고 상상하며 엉덩이를 계속 배쪽으로 동그랗게 말아 올려요.

> ★ 집중  엉덩이를 들어 올릴 때 허리를 앞으로 훅 밀어서 올라오지 말고, 배와 엉덩이 힘을 사용해요.

❹ 숨을 들이마시며 팔로 바닥을 더 지그시 누르고 어깨는 곧게 펴요.

❺ 숨을 내쉬며 발뒤꿈치로 바닥을 더 힘주어 눌러요. 배꼽은 등쪽으로 붙이고 갈비뼈를 모아 닫아요.

## 안전성 테스트 도전!

3

❶ 숨을 들이마시며 <mark>왼쪽 엉덩이를 비스듬히 기울여 바닥 쪽으로 살짝 내려요.</mark> 다리가 기울어 사람들이 깜짝 놀라요.

❷ 사람들의 안전을 위해 얼른 숨을 내쉬며 <mark>엉덩이를 아래서 위로 밀어 올려 다시 두 엉덩이의 높이를 맞추어요.</mark>

❸ 이번에는 반대편도 튼튼한지 테스트해볼까요? 숨을 들이마시며 오른쪽 엉덩이를 비스듬히 기울여 바닥 쪽으로 살짝 내려요.

❹ 이번엔 차가 떨어지려 해요! 다리 위의 차가 떨어지지 않게, 숨을 내쉬며 발을 지그시 딛고 배꼽을 쏙 넣어 엉덩이 힘으로 브릿지 자세로 돌아와요.

❺ <mark>한쪽 엉덩이마다 3번씩 비스듬히 기울여</mark> 브릿지가 안전한지 체크해요.

오른쪽, 왼쪽 3번씩!

## 안전성 테스트 끝내기

**4**

❶ 테스트를 마치면 숨을 들이마시며 <mark>척추 윗부분부터 천천히 내려가요.</mark>

❷ <mark>등＞허리＞골반 순서대로 척추를 동그랗게 말아 바닥으로 내려가요.</mark>

★ 집중  턱 밑에 말랑말랑한 과일이 있다고 상상하고, 그 과일이 으깨지지 않게 조심히 내려와요. 어깨도 말리지 않게 곧게 유지해요.

# 척추 공 드리블

**LEVEL 2 · 32** · 10회 반복

등을 동그랗게 말아 만든 공을 안정적으로 드리블해서
골대에 골인시켜요!

❋ 등 마사지 및 균형 감각 향상 ❋

### 준비 자세

**1**

❶ 두 무릎을 접어 산처럼 만들고 두 팔은 앞으로 나란히, 발바닥은 바닥에 붙여 앉아요.

★ 집중  엉덩이 아래 앉는뼈를 잘 누르고 키가 커지는 느낌으로 골반과 등을 바르게 세워서 앉아요.

## 공 만들기

2

❶ 두 무릎은 벌리고 두 발바닥을 모아 다리를 다이아몬드 모양으로 만들어요.
❷ 두 손으로 발목을 잡아요.
❸ 숨을 들이마시며 두 발을 바닥에서 살짝 떼요.
❹ 숨을 내쉬며 ==배꼽을 등쪽으로 쏙 넣어서 골반을 뒤로 살짝 기울여요.==
❺ 발바닥으로 2번씩 박수를 치며 드리블을 연습해요.

> ★ 집중  발 박수를 치는 동안 ==등을 동그랗게 말아 몸이 기우뚱거리지 않게 노력해요.== 턱 밑에 말랑말랑한 과일이 있다고 상상하고, 그 과일이 으깨지지 않게 턱과 가슴 사이에 작은 공간을 유지해요.

나는 동글동글한 공!

## 드리블 연습

**3**

❶ 숨을 들이마시며 등으로 바닥을 데구르르 구르듯 내려가요.

> ★ 집중  이때, 뒤통수가 바닥에 닿지 않을 때까지만 굴러가요.

❷ 내려가서 발 박수를 2번 쳐 드리블을 해요.

> ★ 집중  발 박수를 칠 때 다리가 너무 벌어지면 몸이 옆으로 기우뚱거릴 수 있어요. 다리는 다이아몬드 모양을 그대로 유지하며 발만 작게 움직여 짝짝 박수쳐요.

## 드디어 골인!

**4**

① 숨을 내쉬며 다시 굴러서 돌아와요. 공을 골대에 넣으려는데, 이런! 아직 드리블이 부족한가 봐요.

② 다시 숨을 들이마시며 바닥으로 구르듯 내려가서 발 박수를 3번 쳐 드리블을 해요.

③ 숨을 내쉬며 다시 제자리로 돌아와서 공을 골대에 넣어보아요. 드디어 성공!

④ 데구르르 구르듯 내려가서 발 박수 3번 쳐 드리블하고, 돌아와서 골인시키는 과정을 10번 반복해 공을 많이 골인시킬 수 있도록 연습해요.

골인!

# 꼬마 빌딩

LEVEL 2
33

2회 반복

내 다리와 엉덩이를 쭉쭉 늘여서
우리 동네에 세울 꼬마 빌딩을 만들어요.
*다리 스트레칭*

## 기둥 세우기

**1**

❶ 오른쪽 다리는 무릎을 세우고, 왼쪽 다리는 뒤로 쭉 뻗어서 발등을 바닥에 붙여요. 두 손은 어깨 아래에 두고, 손바닥으로 바닥을 짚어요.

★ 집중  어깨는 곧게 펼치며 손바닥 전체로 계속 바닥을 밀어내요. 어깨와 귀 사이는 계속 멀리 보내고 목은 길게 늘여요.

❷ 숨을 들이마시며 ==오른쪽 발바닥으로 바닥을 지그시 누르며 엉덩이 힘을 주어== 기둥을 튼튼하게 세워요.

❸ ==왼쪽 발등도 바닥을 지그시 누르고 엉덩이에 힘을 주어== 반대 기둥도 세워요. 꼬마 빌딩 세울 준비가 끝났어요.

## 꼬마 빌딩 세우기

2

❶ 숨을 내쉬며 상체를 일으켜 꼬마 빌딩을 세워요.

❷ 손을 바닥에서 떼어내 오른손은 허벅지 위에 올리고 왼손은 앞으로 나란히 해요.

> ★ 집중  엉덩이가 뒤로 빠지지 않게 힘주어 앞으로 밀어내고, 배꼽을 등 뒤로 쏙 붙여서 꼬마 빌딩이 앞뒤, 양옆 어디로도 흔들리지 않게 해요.

❸ **10초 동안 이 자세를 유지**하며 빌딩을 튼튼하게 만들어요.

❹ **다리를 바꿔 쌍둥이 꼬마 빌딩을 한 개 더 세워봐요.**

10초 버티기!

## LEVEL 2
## 34 아기 새 알깨기

나는 알에 들어 있는 아기 새!
단단한 껍데기를 두 다리로 깨고 멋진 새가 될 거예요.
✱ 복부 근육 강화 ✱

## 준비 자세

**1**

❶ 하늘을 바라보고 누워요.

　★ 집중　내 몸이 매트의 정가운데 오도록 누워요.

❷ 무릎을 굽혀 산처럼 세우고 발도 무릎 너비로 벌려요. 두 발 사이에 배꼽이 있고, 배꼽과 턱, 코가 일직선이 되도록 몸을 일자로 곧게 정돈해요.

❸ 팔과 손바닥으로 바닥을 지그시 누르고 허리 뒤에 손가락이 살짝 들어갈 정도로 공간을 만들어서 골반을 바르게 두어요. 어깨는 곧게 펴 어깨와 귀를 멀리 보내고, 목은 우아하게 늘여요.

## 알 쿵쿵 깨고 나오기

**2**

❶ 나는 아기 새! 껍데기를 깨고 멋진 새가 될 거예요. 숨을 들이마시고 두 손으로 오른쪽 무릎을 당겨 무릎을 잡아요.

❷ 숨을 내쉬며 <mark>배꼽을 쏙 넣고 갈비뼈를 모아 닫으며 턱은 가슴 쪽으로 당겨요. 고개와 등 윗부분도 함께 들어 올려요.</mark>

❸ 숨을 들이마시며 왼쪽 다리를 앞으로 쭉 뻗어서 알이 얼마나 단단한지 톡톡 두드려봐요.

❹ 숨을 내쉬며 다리를 바꿔요. 왼쪽 무릎을 두 손으로 당기고 오른쪽 다리를 쭉 뻗어요

❺ 숨을 들이마시고 내쉬며 <mark>다리를 10번 바꾸어 뻗어요.</mark> 계속 힘껏 껍데기를 두드려서 알을 깨고 나가봐요.

> ★ 집중  다리로 새알을 깨는 동안 고개와 등은 계속 바닥에서 떨어져 있어요. <mark>턱 밑에 공간을 유지하고, 시선은 계속 두 무릎 사이를 바라봐요. 배에 힘을 줘 몸이 옆으로 기우뚱하지 않게 해요.</mark>

# 개구리 점프

5~7회 반복

내 다리를 개구리 다리 모양처럼 만들어
엉덩이 힘으로 폴짝폴짝 점프해봐요.
* 엉덩이 근육 강화 *

## 개구리 다리 만들기

**1**

❶ 바닥을 향해 엎드려요.

> ★집중 엎드릴 때, 매트의 중간에 위치할 수 있도록 해요. 내 발, 무릎은 엉덩이 너비로 벌리고 두 발 사이 위에 배꼽, 턱, 코가 일직선이 되도록 내 몸을 일자로 곧게 엎드려요.

❷ 두 손은 이마 아래에 절 하듯이 대고 팔꿈치는 옆으로 펼쳐 두어요.

❸ 무릎을 뒤로 접어 올려요. <mark>두 발뒤꿈치는 붙이고 발가락 쪽은 바깥을 향하게 해요. 발바닥을 V자로 벌려 개구리 다리 모양처럼 만들어요.</mark>

## 점프 준비하기

**2**

❶ 숨을 들이마시고 팔과 손으로 바닥을 누르며 등에 살짝 힘이 들어가게 해요.

❷ 숨을 내쉬며 팬티 앞부분으로 바닥을 지그시 누르고, 배꼽은 등 뒤로 붙일 듯 쏙 넣어요.

❸ 숨을 들이마시며 <mark>발뒤꿈치끼리 서로 싸우듯 계속 밀어내요.</mark> 뒤꿈치끼리 잘 싸우면 엉덩이의 힘을 느낄 수 있어요.

❹ 숨을 내쉬며 <mark>엉덩이 힘으로 무릎을 바닥에서 3cm 떼어내서 점프할 준비를 해요.</mark>

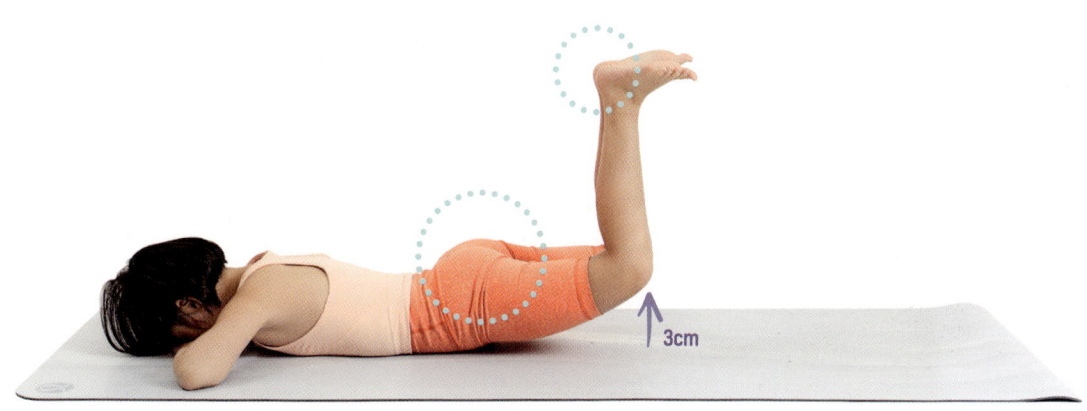

## 점프할 에너지 모으기

**3**

❶ 더 높이 점프하기 위해 잠시 에너지를 모아야 해요. 무릎을 사뿐히 바닥으로 내려 잠시 제자리로 돌아와요.

★ 집중  팔로 계속해서 바닥을 지그시 눌러서 어깨가 들썩이지 않게 하고, 어깨와 귀 사이는 계속 멀어지게 노력해요.

# 개구리 점프 업!

**4**

❶ 숨을 내쉬며 <mark>엉덩이 힘으로 무릎을 바닥에서 5cm 떼어내서 개구리처럼 점프 해요.</mark>

❷ **동작을 5~7번 반복**하며 개구리처럼 펄쩍펄쩍 점프할 수 있게 연습해요.

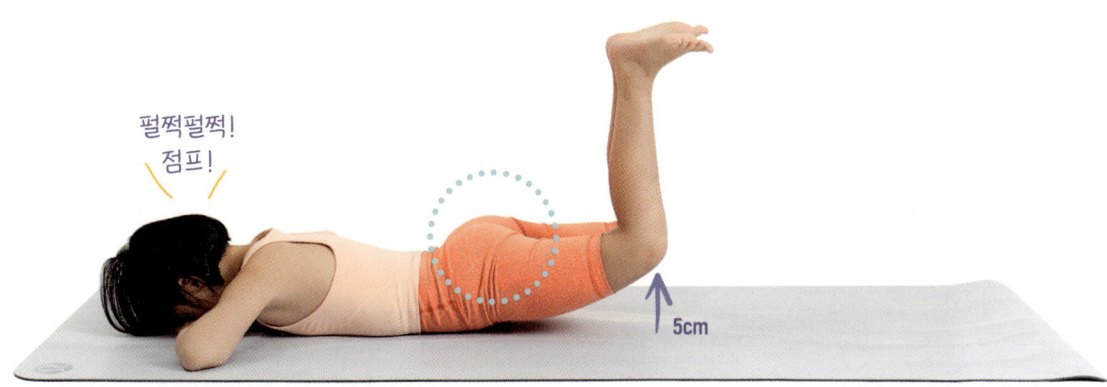

펄쩍펄쩍!
점프!

5cm

# LEVEL 2
## 36 우리 집 식탁

3~5회 반복

내 몸통으로 우리 집에서 쓸 식탁을 만들어요.
식탁에 올릴 음식을 떠올리며 하면 더 재미있어요.

*＊ 코어 근력 강화 ＊*

### 식탁 만들기

**1**

❶ 바닥을 향해 엎드려요.

❷ 팔꿈치를 직각으로 접어 **어깨 아래에 팔꿈치가 오게 하고**, 팔꿈치부터 손까지 바닥에 붙여요. 가볍게 주먹을 쥐어요.

❸ 다리를 엉덩이 너비로 벌린 뒤 뒤로 쭉 뻗어요. **발가락만 바닥에 단단히 붙인 채** 몸통을 들어 올려 식탁을 만들어요.

## 식탁 위에 음식 올리기

**2**

❶ 20초 동안 이 자세를 유지하며 식탁 위에 우리 가족이 먹을 음식을 올려요.

❷ 식탁이 옆으로 기울거나 위아래로 출렁거리면 식탁 위 음식이 바닥으로 후두둑 떨어질 거예요. 집중해요.

★ 집중  주먹과 팔로 계속 바닥을 누르며 등을 위로 띄워요. 배꼽은 등 뒤로 쏙 넣고, 골반이 뒤로 기울지 않도록 해요. 엉덩이에 힘을 주어서 뒤꿈치로 공기를 밀어내듯 다리를 쭉 펴내요.

20초 유지!

38 다리 피자
38 허수아비 방어
39 척추 브릿지 조명 달기
40 조개 구이
41 수영 선수
42 택배 영국 배송
43 아기 새 100번 날갯짓

하루에 1~2개 동작씩 배워요!

# LEVEL 3

## 우리 아이 코어 근육 강화하기

레벨 3에서는 본격적으로 우리 아이의 코어 근력을 강화시키는 7가지 동작을 배웁니다. 코어 근육은 척추를 단단하게 지탱해주고, 지구력을 기르는 데 큰 역할을 해요. 이전 레벨보다 난이도가 좀 더 높아지므로 하루에 1~2개 동작씩만 배우고, 아이가 따라 하기 힘들어하면 잠시 멈추고 쉬었다가 다시 정확한 방법으로 도전해볼 수 있게 도와주세요. 동작하는 동안 영재 숨쉬기를 꾸준히 실천하게 하는 것도 잊지 마세요!

# LEVEL 3 — 37 다리 피자

두 다리를 쫙 벌려 큼지막한 피자 한 조각을 만든 뒤,
오븐에서 노릇노릇 구워봐요.

✳ 다리·발목 스트레칭 ✳

## 피자 굽기

**1**

❶ 바르게 앉은 자세에서 두 다리를 가능한 만큼 옆으로 벌려 피자 한 조각을 만들어요. 두 손은 어깨 아래 바닥에 두어요.

> ★집중 숨을 들이마시며 양쪽 앉는뼈를 바닥에 잘 누르고 골반과 등을 바르게 세워요.

❷ 숨을 내쉬며 손으로 바닥을 살짝 누르고 어깨를 곧게 펴요.

❸ 숨을 들이마시며 골반을 세운 채 가능한 만큼 상체를 앞으로 살짝 기울여 피자를 오븐에 넣어요.

❹ 10초 동안 이 자세를 유지해서 피자를 노릇노릇 구워요.

## 피자 치즈 쭈욱 늘이기

2

❶ 숨을 내쉬며 <mark>두 무릎을 바닥으로 지그시 눌러요.</mark>

❷ <mark>두 발목을 내 몸 쪽으로 쭉 당겨 치즈가 쭈욱 늘어나는 것을 느껴봐요.</mark> 다리가 시원하게 늘어나요.

❸ 이번엔 발등을 쭉 뻗어서 반대편으로 치즈를 쭉 늘여요. <mark>발목을 당겼다 뻗었다 10회 반복해요.</mark> 피자 치즈를 이리저리 늘이는 동안 발등, 발목, 종아리가 시원해져요.

★ 집중  피자 조각을 처음부터 너무 크게 만들려고 욕심내지 말아요. 골반과 허리를 세우고 바르게 앉은 자세에서 가능한 만큼만 다리를 벌리는 게 중요해요. 꾸준히 연습하면 점점 피자 조각을 크게 만들 수 있을 거예요.

# 허수아비 방어

**3회씩 반복**

앗! 수박밭에 도둑이 나타났어요!
팔다리를 쭉 뻗어 수박을 가져가지 못하게 지켜야 해요.

**✳ 다리 스트레칭 및 척추 유연성 향상 ✳**

## 준비 자세

**1**

❶ 두 다리를 골반 너비로 쭉 뻗고 바른 자세로 앉아요.

❷ 어깨를 곧게 펴고 두 팔을 옆으로 벌려 손가락 끝만 바닥에 닿게 해요.

★ 집중  양쪽 앉는뼈는 계속해서 바닥으로 누르고 골반과 등을 바르게 세워요.

# 침입자 발견!

2

❶ 숨을 들이마시며 두 팔을 옆으로 나란히 들어 올려요.

> ★ 집중  옆으로 나란히 들어 올린 팔이 어깨보다 뒤로 가거나 높이 올라가지 않게 노력해요. 귀와 어깨 사이는 멀리 보내고 목은 우아하게 만들어요.

❷ 허수아비가 수박밭을 둘러보는데, 저 멀리 누군가 나타났어요!

## 삐용삐용! 도둑 물리치기

**3**

❶ 숨을 내쉬며 오른쪽으로 가슴과 고개를 돌려요.

❷ <mark>왼손을 오른발 쪽으로 쭉 뻗어서 등이 동그랗게 쭉 늘어나요.</mark> 저 멀리에 있는 도둑이 누군지 가까이서 보아요. 허수아비가 쳐다보니 도망가네요!

★ 집중  두 엉덩이는 들썩이지 않게 바닥에 잘 붙이고, 고개는 아래로 툭 떨어지지 않게 잘 들고 있어요.

## 허수아비 완벽 방어!

**4**

❶ 숨을 들이마시며 다시 제자리로 돌아와요.

❷ 앗, 반대쪽에도 누군가 있는 것 같아요! 이번엔 왼쪽으로 몸을 돌려서 도둑을 쫓아요.

❸ 도둑이 다시 찾아오지 못하게 오른쪽, 왼쪽 번갈아 3번씩 반복해요.

# LEVEL 3
## 39 척추 브릿지 조명 달기

내가 만든 브릿지 위에 다리를 쭉 뻗어 올려 환한 조명을 달아봐요.
밤에도 사람들이 안전하게 건널 수 있어요.

❋ 코어 근육 강화 ❋

### 준비 자세

**1**

❶ 하늘을 바라보고 누워요.

❷ 무릎을 굽혀 산처럼 세우고 발도 무릎 너비로 벌려요. 두 발 사이에 배꼽이 있고, 배꼽과 턱, 코가 일직선이 되도록 몸을 일자로 곧게 정돈해요.

★ 집중 어깨를 곧게 펴 어깨와 귀를 멀리 보내고 목은 우아하게 늘여요. 팔과 손바닥으로 바닥을 지그시 누르고 허리 뒤에 손가락이 살짝 들어갈 정도로 공간을 만들어서 골반을 바르게 두어요.

# 다리 건설하기

## 2

❶ 숨을 들이마시며 발바닥, 손바닥, 뒤통수를 바닥에 지그시 눌러요.

❷ 숨을 내쉬며 배꼽을 쏙 넣고 갈비뼈를 모아 닫아요. 골반을 뒤로 기울여서 허리를 바닥에 붙여요.

❸ <mark>척추를 하나씩 바닥에서 떼어내며 엉덩이를 들어 올려</mark> 브릿지를 만들어요. 골반에 물이 고여 있고 그 물이 배꼽으로 쏟아진다고 상상하며 엉덩이를 계속 배쪽으로 동그랗게 말아 올려요.

> ★ 집중 엉덩이를 들어 올릴 때 허리를 앞으로 훅 밀어서 올라오지 말고, 배와 엉덩이 힘을 사용해요.

❹ 숨을 들이마시며 팔로 바닥을 더 지그시 누르고 어깨는 곧게 펴요.

❺ 숨을 내쉬며 발뒤꿈치로 바닥을 더 힘주어 누르면서 배꼽은 등쪽으로 붙이고 갈비뼈는 모아 닫아요.

## 조명 준비하기

**3**

❶ 밤에도 사람들이 다리를 건널 수 있게 조명을 달 거예요. 오른쪽 발끝에 전구가 달려 있어요. 숨을 내쉬며 왼쪽 발로 바닥을 더 단단히 눌러요.

❷ 배꼽은 등에 붙일 듯 쏙 넣고, 갈비뼈를 모아 닫으며 오른쪽 다리를 직각으로 들어 올려요.

★ 집중 다리를 들어 올릴 때 엉덩이가 옆으로 기우뚱거리거나 아래로 떨어지지 않게, 엉덩이와 배, 다리에 힘을 주어요.

❸ 숨을 들이마시며 팔로 바닥을 더 지그시 누르고 어깨를 곧게 펴요.

## 다리에 환한 조명 달기

4

❶ 숨을 내쉬며 <mark>오른쪽 다리를 하늘로 쭉 뻗고 발등도 곧게 펴서</mark> 발끝에 있는 전구를 높이 달아요.

❷ <mark>5초 동안 자세를 유지</mark>하며 전구를 단단히 달아요.

★ 집중   자세를 유지하는 동안 엉덩이가 옆으로 기우뚱거리거나 아래로 떨어지지 않게 엉덩이와 배, 다리에 힘을 주어요.

## 잠깐 휴식!

**5**

❶ 조명을 다 달았으면 숨을 들이마시며 오른쪽 다리를 다시 직각으로 접어 내려요.

★ 집중  두 엉덩이가 옆으로 기우뚱거리거나 아래로 떨어지지 않게 엉덩이와 배, 다리에 힘을 주고, 팔로 바닥을 누르면서 다리를 내려요.

휴식!

## 반대편 다리 조명 달기

**6**

❶ 숨을 내쉬며 오른쪽 다리를 바닥에 안전하게 내려놓아요.

❷ 조명 작업이 끝났으니 척추를 동그랗게 말아 등＞허리＞골반 순서대로 내려가요.

> ★ 집중 턱 밑에 말랑말랑한 과일이 있다고 상상하고, 그 과일이 으깨지지 않게 조심히 내려와요. 어깨도 말리지 않게 곧게 유지해요.

❸ 제자리로 돌아왔으면, 이제 왼쪽 다리로 조명을 달아봐요. <mark>오른쪽, 왼쪽 번갈아 가며 조명 달기 작업을 3번 반복해요.</mark>

반대편도 달아보자!

# 조개 구이

신선한 조개를 불판에 올려 맛있게 구워요.
조개가 익는 동안 엉덩이 힘이 세질 거예요.
* 엉덩이 근육 강화 *

## 준비 자세

**1**

❶ 오른쪽 몸통이 바닥에 닿도록 누워요.

❷ 무릎은 편하게 살짝 접어요.

★ 집중  내 뒤통수와 등, 엉덩이, 뒤꿈치가 일직선상이 되도록 해요.

❸ 아래에 있는 오른팔은 접어서 머리를 올려놓고, 왼쪽 팔은 팔꿈치를 접어서 손바닥으로 바닥을 짚어요.

# 조개 지글지글 굽기

2

❶ 숨을 들이마시며 왼쪽 손바닥으로 바닥을 지그시 누르고 어깨는 곧게 펼쳐요.

❷ 숨을 내쉬며 배꼽을 등 뒤에 붙일 듯 쏙 넣고 갈비뼈를 모아 닫아요.

> ★ 집중  오른쪽 옆구리가 바닥에 완전히 닿게 되면, 오른쪽 허리 근육은 길게 늘어나고, 왼쪽은 짧아져요. 갈비뼈를 잘 모아 닫으며 오른쪽 허리를 바닥에서 살짝 뜨게 해 양쪽 허리 근육 길이가 같아지게 만들어요.

❸ 숨을 들이마시며 골반이 뒤로 기울지 않게 노력하고 등을 곧게 세워 조개를 불판 위에 올려놔요. 이제 조개가 불판 위에서 지글지글 익어요.

❹ 엇! 조개가 다 익어 입을 벌리려 하네요. 숨을 내쉬며 윗엉덩이 힘으로 무릎을 위로 들어 올려요.

> ★ 집중  무릎이 올라갈 때 두 뒤꿈치는 서로 밀어내고 있어야 해요.

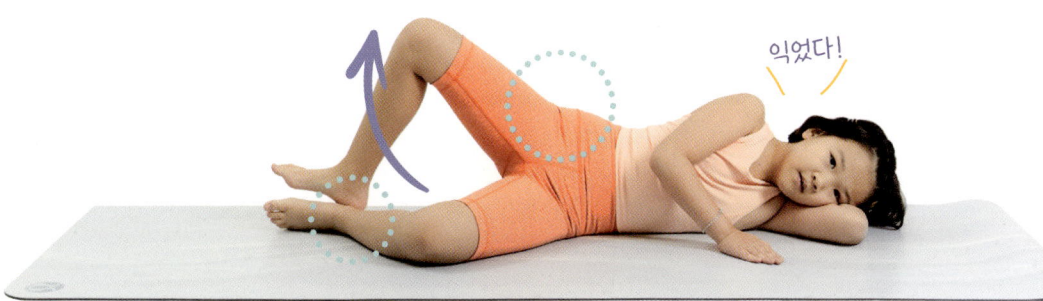

익었다!

## 익은 조개 맛보기

**3**

❶ 숨을 들이마시며 무릎을 아래로 내려 제자리로 돌아와요. 익은 조개는 냠냠 맛있게 먹어요.

★집중 무릎이 다시 제자리로 돌아올 때도, 두 뒤꿈치를 서로 끊임없이 밀어내며 천천히 돌아와요.

익은 조개는 맛있게 냠냠!

## 조개 많이 굽기

4

❶ 숨을 내쉬며 두 번째 조개를 구워요. 조개가 익으면 다시 엉덩이 힘으로 허벅지를 들어 올려요. 무릎이 따라 열리며 조개가 완전히 입을 벌려요.

★ 집중  무릎이 올라갈 때 골반이 뒤로 기우뚱거리거나 등이 동그랗게 굽지 않도록 해요. 고개도 앞으로 숙여지지 않게 하고, 목은 계속 길게 늘여요.

❷ 조개를 5개 잘 굽고, 반대로 누워서 5개 더 구워요.

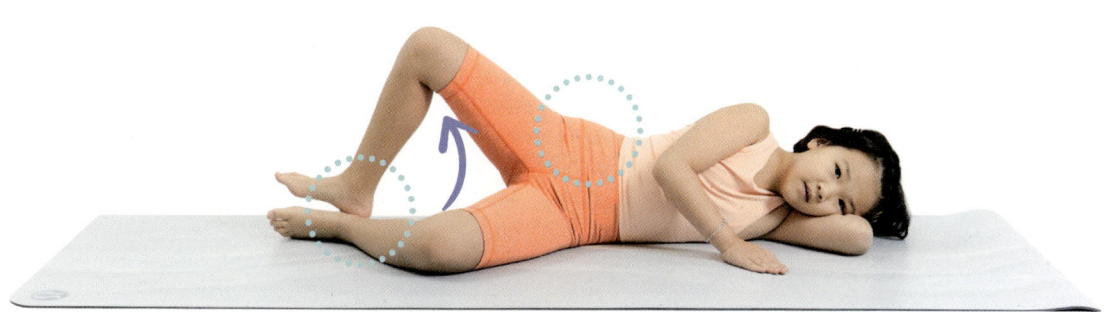

# 수영 선수

내 팔다리로 힘차게 물장구쳐서
물을 유유히 가르는 수영 선수가 되어요.

✳ 전신 근력 향상 ✳

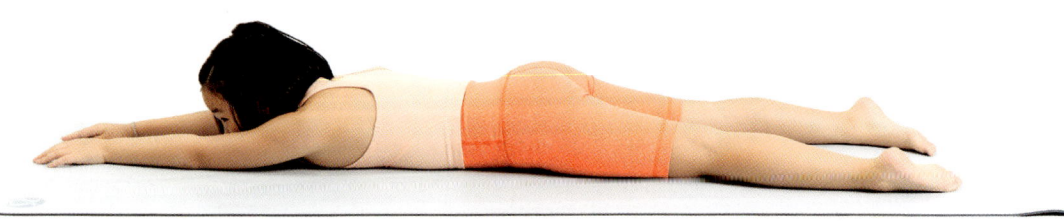

## 준비 자세

**1**

❶ 바닥을 향해 엎드려요.

❷ 내 발과 무릎을 엉덩이 너비만큼 벌려요. 두 발 사이 정가운데 배꼽과 턱, 코가 일직선이 되도록 내 몸을 일자로 곧게 정돈해요.

❸ 양손은 귀 옆으로 만세 하듯이 위로 올리고 손바닥은 바닥에 붙여요. 두 발등도 바닥에 자연스럽게 붙여요.

## 팔다리 움직여 헤엄 연습

2
① 숨을 들이마시며 코를 바닥에서 5cm 정도 들어 올려 고개를 살짝 떼어내요.
② 숨을 내쉬며 **왼팔과 오른 다리를 사선으로 바닥에서 들어 올려요**.
③ 숨을 들이마시고 내쉬며 들었던 팔다리를 내리고 이번엔 **반대편 오른팔과 왼쪽 다리를 사선으로 들어 올려요**.

왼팔!
오른 다리!

오른팔!
왼쪽 다리!

## 나는야 에이스 수영 선수!

**3**

❶ 숨을 내쉬고 들이마시며 수영 선수처럼 힘차게 팔다리를 번갈아 움직여 헤엄쳐요. 배와 엉덩이, 등, 팔, 다리 전체에 힘을 느끼며 에이스 수영 선수가 되어요.

★ 집중 허리 힘으로만 가슴을 너무 높이 들어 올리지 않도록 노력해요. 배꼽을 등 뒤로 붙일 듯이 쏙 넣어서 옆에서 보았을 때 허리가 너무 휘지 않아야 해요.

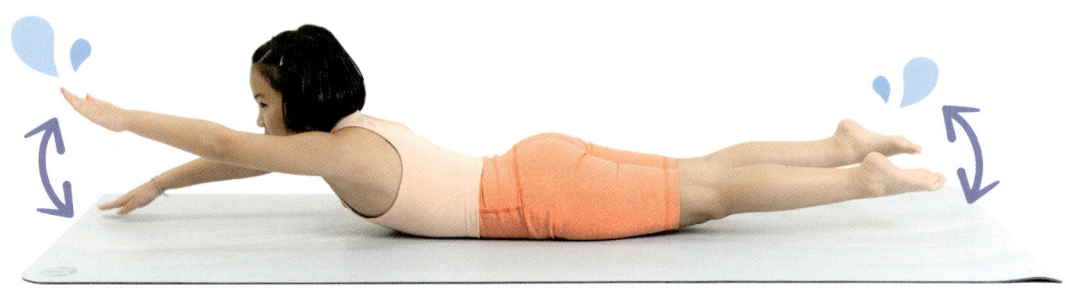

## 첨벙첨벙 한강 건너기 도전!

❶ 수영 연습을 마쳤으니 한강 건너기에 도전해볼까요? **팔다리를 10번 번갈아 움직이는 것을 3번 반복해** 한강을 수영해 건너요.

❷ 한강을 다 건너면 엎드린 자세로 돌아와 휴식해요.

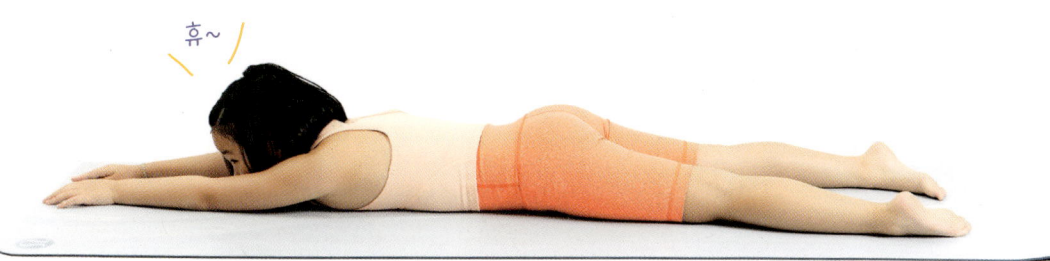

## 택배 영국 배송

**3회 반복**

멀리 영국에서 택배 주문이 왔어요.
해외까지 안전하게 택배를 배달해볼까요?

✽ 코어 근육 강화 ✽

### 택배 상자 접기

**1**

❶ 무릎을 바닥에 대고 엎드려 두 손으로 바닥을 짚어요.

❷ <mark>어깨 아래에 손목, 골반 아래에 무릎, 무릎과 발은 골반 너비로 두어</mark> 내 몸을 네모난 택배 상자처럼 반듯하게 만들어요. 발목을 접어서 발가락은 바닥에 붙이고 뒤꿈치는 바닥에서 떨어뜨려요.

★ 집중  허리가 아래로 처지거나 들려 골반이 기울지 않도록 해요.

❸ <mark>손바닥 전체로 계속 바닥을 밀어내요. 어깨는 굽어지지 않도록 넓게 펼치고</mark> 등에 탁 붙여서 들썩이지 않게 해요. 고개는 바닥으로 떨어지거나 턱이 들리지 않게 멀리 바라보며, 목을 계속 길게 늘여요.

★ 집중  팔꿈치나 손목에 무게가 실리지 않게 팔 근육을 사용해요.

## 배송 시작하기

**2**

❶ 숨을 들이마시며 두 무릎과 왼쪽 손바닥으로 바닥을 더 지그시 눌러요.

❷ 이제 멀리 배송할 준비를 해볼까요? 숨을 내쉬며 <mark>오른손을 어깨 높이로 들어 올려요</mark>.

❸ 숨을 들이마시며 <mark>몸통과 엉덩이가 흔들리지 않게 단단히 힘을 줘요.</mark>

## 비행기에 택배 실어 슝~ 보내기

3

❶ 택배 상자를 비행기에 실어 볼까요? 숨을 내쉬며 **왼쪽 다리를 쭉 뒤로 뻗어 엉덩이 높이까지 들어 올려요**.

❷ **10초 동안 자세를 유지**하며 택배가 하늘을 날아 영국에 안전하게 도착할 수 있도록 해요.

★ 집중 바닥을 짚은 팔과 다리는 바닥을 단단하게 누르고, 들어 올린 팔과 다리는 팽팽하게 뻗어요. 배에 힘을 꽉 주어 몸통이 흔들리지 않도록 해요.

## 더 많은 나라로 배송하기

**4**

❶ 배송을 마쳤어요. 들어 올린 팔과 다리를 바닥으로 조심히 내려 제자리로 돌아와요.

❷ 영국 배송이 끝났으니 다른 나라로 배송을 떠나볼까요? **팔다리를 바꿔가며 다른 나라 배송을 3번 더 반복해요.**

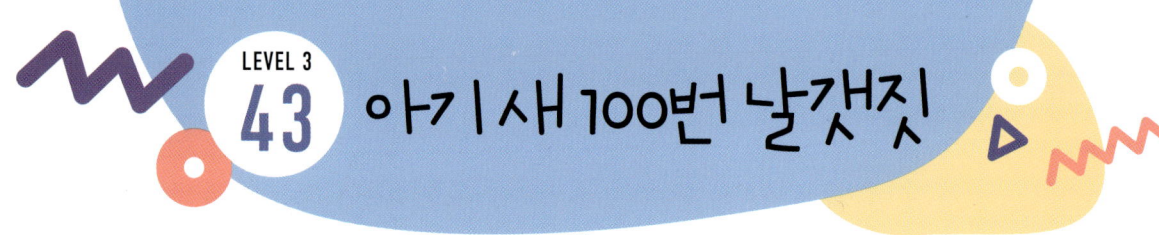

## LEVEL 3
## 43 아기새 100번 날갯짓

고개와 다리를 솜사탕 롤리팝을 만들 때처럼 하늘에 띄우고
손으로 날개를 100번 펄럭여요. 날갯짓 100번에 배가 활활 타올라요.

✱ 복부 근육 강화 ✱

### 준비 자세

**1**

❶ 하늘을 바라보고 누워요. 무릎을 접어 산처럼 만들고 발바닥은 바닥에 붙여요. 팔을 쭉 펴서 엉덩이 옆 바닥에 두 손바닥을 붙여요.

★ 집중 　내 몸이 매트의 정가운데 오도록 누워요.

❷ 어깨를 곧게 펴고 팔과 손바닥으로 바닥을 지그시 눌러요. 허리 뒤에 손가락이 들어갈 정도로 작은 공간을 만들면 골반을 바르게 둘 수 있어요. 어깨를 곧게 펴 어깨와 귀를 멀리 보내고 목은 우아하게 늘여요.

## 스타카토 풍선 호흡 하기

**2**

❶ 바르게 누운 자세로 스타카토 풍선 호흡 p.49을 다시 한번 연습해요.

❷ 스타카토 리듬처럼 코로 숨을 짧게 흡!흡!흡!흡!흡! 5번 들이마셔요. 숨을 5번 들이마시는 동안 점차 갈비뼈와 등, 배가 풍선처럼 부풀어요.

❸ 입으로 숨을 짧게 후!후!후!후!후 5번 내쉬어요. 숨을 5번에 나눠 내쉬는 동안 배꼽이 쏙 들어가고, 풍선이 점점 작아져요.

★ 집중 호흡할 때 입술을 동그랗게 만들어 후!후!후!후!후! 힘있게 내뱉어요.

흡! 흡! 흡! 흡! 흡!
후! 후! 후! 후! 후!

## 날갯짓 준비

**3**

❶ 나는 알을 깨고 나온 아기 새! 이제 날갯짓을 해서 하늘을 날아봐요. 두 다리를 직각으로 들어 올리고 두 팔은 나란히 위로 뻗어요.

❷ 숨을 들이마시며 들어 올린 두 다리를 골반 너비로 벌리고 발등은 부드럽게 쭉 뻗어요.

★ 집중  허리 뒤에 손가락이 살짝 들어갈 정도로 공간을 만들어서 골반을 바르게 두어요.

## 100번 날갯짓 하기

4

① 숨을 내쉬며 배꼽을 쏙 넣고 갈비뼈를 모아 닫으며 팔을 엉덩이 옆으로 뻗어 내려요. 턱부터 끄덕하여 배 힘으로 고개와 등 윗부분을 살짝 들어 올려요.

★ 집중 허리 뒤에 손가락이 살짝 들어갈 정도의 공간을 계속 유지해요.

② 턱 밑에 말랑말랑한 과일이 있다고 상상하고, 그 과일이 으깨지지 않도록 조심하며 손을 엉덩이 옆으로 멀리 뻗어내요. 시선은 두 무릎 사이를 바라봐요.

③ 엉덩이 옆에 뻗은 손으로 팡팡! 날갯질 하듯이 위아래로 움직여요.

★ 집중 손목만 까닥거리지 않고 팔을 쭉 뻗어 팔 전체로 물장구쳐요.

④ 손으로 계속 날갯짓하며 스타카토 풍선 호흡을 시작해요.

⑤ 스타카토 리듬처럼 코로 숨을 짧게 흡!흡!흡!흡!흡! 들이마시고, 입으로 후!후!후!후!후! 내쉬는 호흡을 100번 반복하며 손으로 날갯짓을 해요. 호흡하며 날갯짓 하는 동안 고개와 다리는 계속 바닥에서 떨어져 있어요. 배가 활활 타오르는 느낌과 함께 배 근력이 생기는 것을 느껴요.

거북목 개선하고
곧은 어깨 만드는
**10분 필라테스**

성장통 없애고
일자 다리 만드는
**10분 필라테스**

굽은 등 펴고
바른 허리 만드는
**10분 필라테스**

비뚤어진 골반
바로 잡고
예쁜 체형 만드는
**10분 필라테스**

키 쑥쑥 키우고
튼튼 코어 만드는
**10분 필라테스**

### PART 03

# 하루 10분
# 프로그램

키 성장, 거북목 개선, 굽은 등 교정, 성장통 완화 및 곧은 다리, 예쁜 체형 만들어주는 데일리 루틴 5가지를 소개합니다. 아이의 신체적인 상황과 그날의 컨디션에 맞는 한 가지 루틴을 골라 매일매일 10분씩 운동하며 곧고 바른 몸을 만들 수 있도록 도와주세요. 모든 프로그램에는 QR 코드가 수록되어 있어 집중력 약한 아이들도 유튜브 영상을 보며 재밌게 따라 할 수 있답니다.

DAILY 10MIN PILATES

# 거북목 개선하고 곧은 어깨 만드는 하루 10분 필라테스

영상을 보며 따라 해요!

**!  이런 증상이 있다면 꼭 따라 해요**

- 거북목 혹은 일자목 등 목의 자세가 바르지 않은 아이
- 어깨가 앞으로 말려 있는 아이
- 한 자세로 오랫동안 집중하는 미술&음악 특기생

척추와 어깨뼈를 바르게 정렬하고 어깨와 목의 근육을 이완시키는 하루 10분 프로그램입니다. 최근에는 아이들도 성인만큼 책상에 앉아 있는 시간이 길고, 스마트폰이나 태블릿PC 등 전자기기 사용이 잦습니다. 거북목이나 어깨가 앞으로 말리는 증상이 나타나는 연령대가 점점 낮아지고 있지요.

이 프로그램은 자리에 앉거나 서서 할 수 있는 쉬운 난이도의 목과 어깨 교정 동작들로 구성되어 있습니다. 장소에 구애받지 않고 실시할 수 있으니 학교나 학원의 쉬는 시간 때 혼자서 틈틈이 따라 할 수 있게 해주세요.

**거북목 개선하고
곧은 어깨 만드는 필라테스 시작하기**

## 1 어깨 가위바위보  p.052

어깨를 위로 으쓱 들어 올려 '주먹'
팔을 앞으로 나란히 들어 올려 '가위'
팔을 옆으로 나란히 들어 올려 '보'를 만들어요.
3번씩 반복해요!

주먹!

가위!

보!

## 2 까치 & 까마귀 p.056

팔을 옆으로 나란히 한 상태에서 까치처럼 날갯짓하듯 손목을 위로 폈다 접었다 3번 반복해요.
이번엔 까마귀처럼 아래로 3번 접었다 펴 훨훨 날아봐요!

## 3 고개 촛불 p.068

바람에 따라 살랑살랑 흔들리는 촛불처럼 내 고개를 오른쪽, 왼쪽으로 지그시 움직여요.
내 나이만큼 고개 촛불을 움직여봐요.

## 4 팔 페인팅 p.072

두 팔로 만세 자세를 했다가 팔꿈치를 어깨까지 내려 손등 붓에 물감을 묻혀요.
붓에 물감이 충분히 묻으면 다시 양팔을 위로 올리고 손등을 벽에 붙인 채 큰 동그라미를 그려요.
3번 반복해요.

## 5 척추 인사 p.094

바르게 서서 두 팔을 만세 하듯 들어 올린 뒤
고개부터 목 〉 등 〉 허리 척추를 동그랗게 말아 내려가요.
허리를 완전히 숙여 "안녕하세요~" 친절하게 인사한 뒤
다시 제자리로 돌아와요. 3번 반복해요.

안녕하세요!

DAILY 10MIN PILATES

# 성장통 없애고
# 일자 다리 만드는
# 하루 10분 필라테스

영상을 보며 따라 해요!

! 이런 증상이 있다면 꼭 따라 해요

● 성장통으로 아파하는 아이
● 다리가 X자 혹은 O자로 휜 아이
● 발 아치가 정상적인 곡선을 그리지 않고 무너져 있는 아이

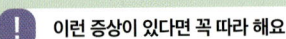

다리뼈를 바르게 정렬해 곧게 뻗은 일자 다리를 만들고, 성장통까지 완화시켜주는 하루 10분 프로그램입니다. 대부분 눕거나 앉아서 하는 동작으로 구성되어 있어 아이가 잠들기 전이나 아침에 일어났을 때 한 번씩 하면 좋아요.

다리뼈의 정렬은 6~9세 때 자세가 큰 영향을 끼치는 만큼 어릴 때부터 시켜주는 것이 가장 좋고, 우리 아이 나이가 그보다 많다고 하더라도 다리뼈가 자라는 과정에서 충분히 교정될 수 있으니 꾸준히 따라 할 수 있게 도와주세요. 다리를 바르게 교정하면 미관상으로도 좋아져 아이의 신체 자신감이 늘어날 뿐 아니라 다리의 기능도 향상되고, 성장통 완화 효과도 기대할 수 있습니다.

**성장통 없애고 일자 다리 만드는 필라테스 시작하기**

# 1 한라산 무지개  p.156

한쪽 다리는 안으로 접고 반대편 다리는 바깥으로 펼쳐 앉아요.
접은 다리와 같은 방향에 있는 팔을 귀 옆으로 들어 올리고
숨을 내쉬며 아래로 내려가 아름다운 무지개를 만들어요.
3번 반복한 뒤에 반대편 허리로 무지개를 3개 더 만들어요.

한라산에 예쁜 무지개를 띄워요!

## 2 다리 피자

다리를 벌릴 수 있는 만큼 넓게 벌려 큰 피자 한 조각을 만들어요.
발목과 발끝을 내 몸쪽으로 당겨 치즈가 늘어나는 것을 느껴봐요.
발목을 안쪽으로 접었다 바깥으로 펼치는 동작을 10회 반복해요.

## 3 하늘에 별 달기  p.098

하늘을 바라보고 무릎을 산처럼 굽혀 누워요.
두 손으로 한쪽 허벅지 뒤쪽을 감싼 뒤 다리를 위로 쭉 뻗어 하늘에 별을 달아요.
무릎을 직각으로 접었다 펴며 별을 2개 더 붙여요.
하늘에 단 별이 떨어지지 않게 뒤꿈치로 꾹꾹 눌러 붙인 뒤
반대편 다리로도 별 3개를 더 달아요.

## 4 척추 브릿지 p.142

하늘을 바라보고 누운 뒤 무릎을 굽혀 산을 만들어요.
손바닥으로 엉덩이 옆 바닥을 짚고, 엉덩이를 들어 올려 튼튼한 다리를 만들어요.
20초 동안 유지해요.

## 5 꼬마 빌딩 p.168

한쪽 다리는 무릎을 세워 앞에 두고
반대쪽 다리는 뒤로 쭉 뻗어 발등을 바닥에 닿게 해요.
무릎을 세운 쪽 팔을 허벅지 위에 올리고
뒤로 뻗은 다리 쪽 팔을 들어 앞으로 나란히 해요.
10초 동안 유지해요.

DAILY 10MIN PILATES

# 굽은 등 펴고
# 바른 허리 만드는
# 하루 10분 필라테스

영상을 보며 따라 해요!

❗ **이런 증상이 있다면 꼭 따라 해요**

- 앉았을 때 등이나 허리가 동그랗게 굽거나 휜 아이
- 서거나 앉았을 때 상체가 앞이나 뒤로 기울어진 아이

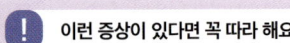

구부정하게 굽어 있는 등과 허리를 곧게 펴주는 하루 10분 프로그램입니다. 아이들은 뼈와 근육이 미숙해 척추 정렬이 틀어지기 쉬운데, 등이나 허리가 굽은 것을 빨리 발견하지 못하고 방치한다면 척추측만증(척추옆굽음증)으로 진행될 가능성이 높습니다. 키 성장을 방해할 뿐만 아니라 집중력을 저해해 학업에까지 영향을 미칠 수 있지요. 실제로 척추측만증 환자 10명 중 4명은 10대 청소년입니다. 하루 10분, 꾸준히 굽은 등과 허리를 바르게 정렬하는 운동을 진행해 우리 아이가 곧고 바른 허리를 가질 수 있게 도와주세요.

굽은 등 펴고 바른 허리 만드는
필라테스 시작하기

## 1  골반 댄스

바르게 앉은 자세에서 배꼽을 등 뒤로 붙이듯 골반을 뒤로 기울여요.
다시 제자리로 돌아와 골반을 앞으로 보내요.
골반 앞뒤로 번갈아가며 3번씩 움직여 부드럽게 골반 댄스를 춰요.
이번엔 한쪽 엉덩이를 방귀 뀌듯 살짝 들어 올렸다가 제자리로 돌아와요.
반대편 엉덩이도 같은 방법으로 들어 올렸다가 제자리로 돌아와요.
양쪽 엉덩이를 번갈아가며 3번씩 들어 올려 이번에는 양옆으로 부드럽게 골반 댄스를 춰봐요.

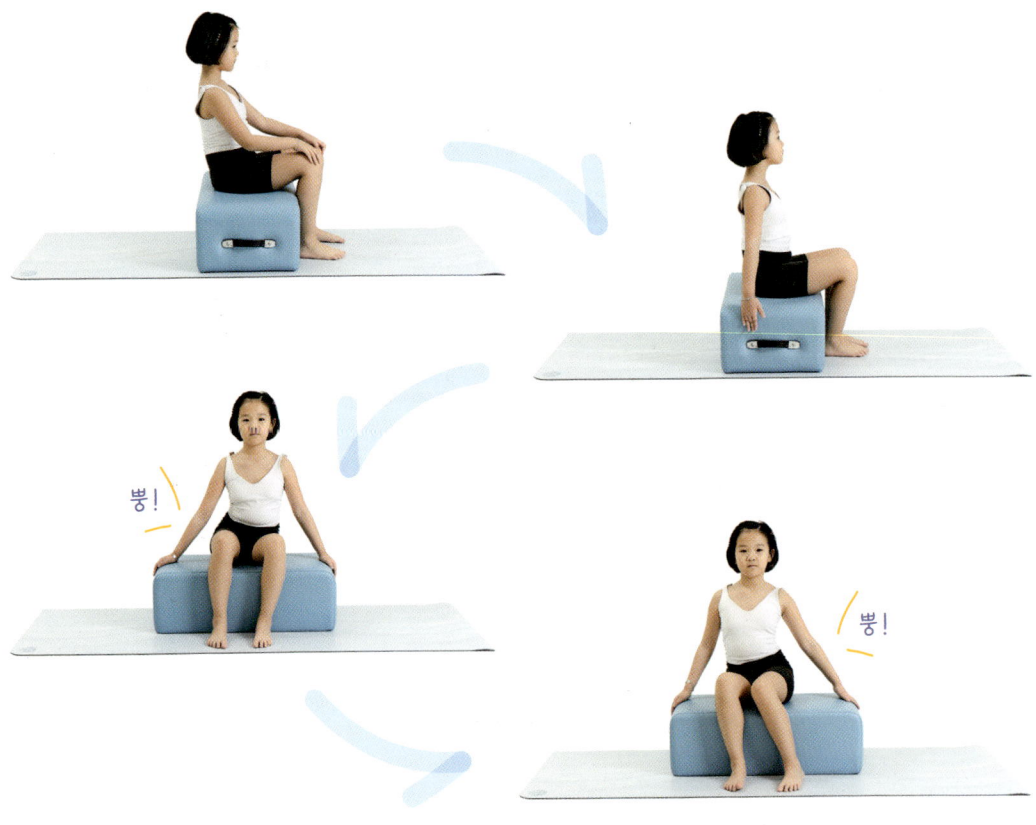

## 2 등 무지개 (p.084)

바르게 앉아 양팔을 앞으로 나란히 들어 올려요.
숨을 내쉬며 등을 동그랗게 말았다가 제자리로 돌아오고
다시 두 손을 머리 위로, 시선과 윗가슴은 하늘을 보도록 들어 올려요.
3번 반복해요.

## 3 스케이팅 & 얼음 낚시 (p.090)

바르게 앉은 채 한쪽 다리를 스케이트 타듯 쭉 뻗어요.
한쪽 다리로 3번 스케이트를 탄 뒤 반대쪽 다리로도 3번 더 타요.
스케이트를 다 탔으면 한쪽 발 낚싯대를 살짝 들어 올려 얼음 낚시를 해요.
3번 반복한 뒤 반대쪽 다리로도 3번 더 해요.

## 4 솜사탕  p.106

하늘을 바라보고 누워 무릎을 굽혀 산을 만들어요.
두 다리를 직각으로 들어 올려 막대기에 솜사탕을 입힌 뒤
발끝으로 바닥을 콕 찍어 트윙클 가루를 묻혀요.
양쪽 다리를 번갈아가며 3번씩 반복해요.

## 5 솜사탕 롤리팝 p.146

하늘을 바라보고 누워 무릎을 굽혀 산을 만들어요.
두 다리를 직각으로 들어 올려 막대기에 솜사탕을 입힌 뒤 두 팔을 나란히 들어 올려요.
숨을 내쉬며 고개를 무릎 쪽으로 올려 솜사탕 안에 사탕을 콕 박아 넣어요.
5번 반복해요.

## 6 척추 공 굴리기 p.138

무릎을 세워 앉은 뒤 두 손으로 두 무릎 아래를 잡아요.
숨을 들이마시면서 골반을 뒤로 살짝 보내 뒤로 데구르르 구르듯 내려가요.
숨을 내쉬며 다시 굴러서 제자리로 돌아와요.
10번 반복해요.

DAILY 10MIN PILATES

## 비뚤어진 골반 바로잡고 예쁜 체형 만드는 하루 10분 필라테스

영상을 보며 따라 해요!

 이런 증상이 있다면 꼭 따라 해요

- 오랜 시간 앉아서 공부하는 아이
- 한 자세로 오랫동안 집중하는 미술&음악 특기생

틀어진 골반을 바로잡아 몸의 전체적인 균형을 맞춰주는 하루 10분 골반 교정 프로그램입니다.

골반은 우리 몸을 지탱하며 배 아래쪽에 위치한 장기들을 보호하는 중요한 뼈입니다. 그런데 다리를 꼰다거나 바르지 못한 자세로 오래 앉아 있거나 짝다리를 짚고 서는 습관이 있다면 골반뼈가 한쪽으로 치우쳐 척추나 다리뼈 정렬에도 영향을 미치게 되지요. 나무나 플라스틱으로 된 딱딱한 의자 또한 바른 자세에 나쁜 영향을 줍니다. 불편한 의자에 앉은 아이들은 처음엔 바른 자세를 해보려 노력하지만 근력이 약하기 때문에 자세는 점점 흐트러지게 됩니다. 미술이나 음악을 배우는 동안 한 자세로 오랜 시간 집중하는 아이들도 마찬가지예요. 이 프로그램에서 소개하는 4가지 동작을 꾸준히 연습해 틀어진 골반을 바로잡고 균형잡힌 체형을 가질 수 있게 도와주세요.

 **비뚤어진 골반 바로잡고 예쁜 체형 만드는
필라테스 시작하기**

## 1 골반 댄스

바르게 앉은 자세에서 배꼽을 등 뒤로 붙이듯 골반을 뒤로 기울여요.
다시 제자리로 돌아와 골반을 앞으로 보내요.
골반 앞뒤로 번갈아가며 3번씩 움직여 부드럽게 골반 댄스를 춰요.
이번엔 한쪽 엉덩이를 방귀 뀌듯 살짝 들어 올렸다가 제자리로 돌아와요.
반대편 엉덩이도 같은 방법으로 들어 올렸다가 제자리로 돌아와요.
양쪽 엉덩이를 번갈아가며 3번씩 들어 올려 이번에는 양옆으로 부드럽게 골반 댄스를 춰봐요.

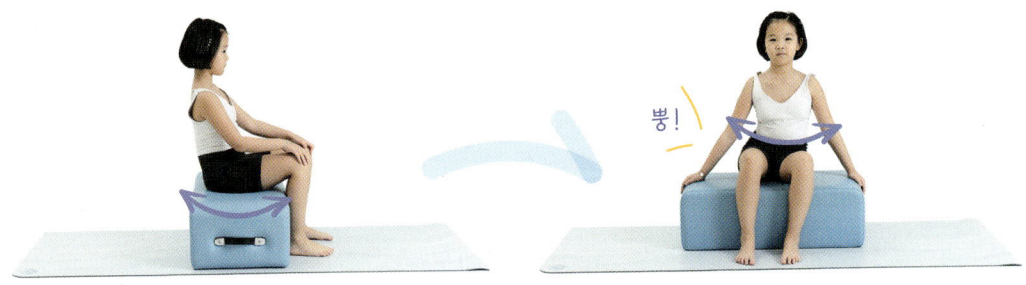

## 2 다리 색종이 접기

하늘을 바라보고 누워 한쪽 무릎을 굽혀 세워요.
세운 무릎을 색종이 접듯 바깥으로 밀어 바닥으로 붙여요.
다시 제자리로 돌아온 뒤 3번 반복하고, 반대쪽 다리도 3번 반복해요.

## 3  1층 바닥 공사  p.132

한쪽 무릎을 바깥으로 접어 반대편 허벅지 위에 올려요.
두 손으로 무릎을 세운 허벅지를 몸통 쪽으로 살짝 잡아 당겨요.
10초 동안 자세를 유지한 뒤 반대편 다리도 10초간 실시해요.

## 4  땅 다지기  p.130

한쪽 다리는 양반다리 하듯 안으로 접고,
반대편 다리는 뒤로 쭉 뻗어 다리가 시원하게 늘어나는 것을 느껴요.
두 손은 절하듯 이마 아래에 두고 상체가 바닥에 닿도록 꾹꾹 눌러 땅을 다져요.

꾹꾹!

DAILY 10MIN PILATES

# 키 쑥쑥 키우고 튼튼 코어 만드는 하루 10분 필라테스

영상을 보며 따라 해요!

! 이런 증상이 있다면 꼭 따라 해요

- 훤칠한 키를 갖고 싶어 하는 아이
- 앉았을 때 등이나 허리가 동그랗게 굽거나 휜 아이

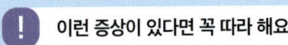

키 성장을 위해서는 척추뼈를 바르게 정렬하고 그 주변 코어 근육으로 척추를 단단히 지지해주어야 합니다. 이 프로그램에 척추 교정과 성장에 효과적인 9가지 동작을 넣어 매일매일 따라 할 수 있는 폭풍 키 성장 10분 루틴을 만들었어요. 꾸준히 따라 하면 우리 아이도 훤칠한 키와 튼튼한 코어를 가질 수 있습니다. 척추가 바르게 자라면 척추측만증을 예방할 수 있을 뿐만 아니라 곧고 아름다운 체형을 만들 수 있어 우리 아이 외관적인 신체 자신감에도 큰 도움이 될 거예요.

우리 집 식탁    9    척추 로켓 발사    8

 **키 쑥쑥 키우고 튼튼 코어 만드는
필라테스 시작하기**

## 1 척추 인사  p.094

바르게 서서 두 팔을 만세 하듯 들어 올린 뒤
고개부터 목 〉 등 〉 허리 척추를 동그랗게 말아 내려가요.
허리를 완전히 숙여 "안녕하세요~" 친절하게 인사한 뒤
다시 제자리로 돌아와요. 3번 반복해요.

안녕하세요!

## 2 등 무지개 p.084

바르게 앉아 양팔을 앞으로 나란히 들어 올려요.
숨을 내쉬며 등을 동그랗게 말았다가 제자리로 돌아오고
다시 두 손을 머리 위로, 시선과 윗가슴은 하늘을 보도록 들어 올려요.
3번 반복해요.

## 3 허리 무지개 p.080

바르게 앉아 한쪽 팔을 귀 옆으로 들어 올려요.
숨을 내쉬며 반대편으로 허리를 동그랗게 늘려 무지개를 만들어요.
3번 반복한 뒤 반대편으로 3번 더 무지개를 만들어요.

# 4 척추는 내 거야 p.134

무릎을 세워 앉아서 두 팔을 앞으로 나란히 들어 올려요.
천천히 등을 동그랗게 말아 아래로 내려가요.
내려가며 두 다리도 자연스럽게 펴요.
만세 하며 완전히 누웠다가 배에 힘을 주고 천천히 다시 올라와요.

쿵 떨어지지 않게 천천히!

## 5 척추 브릿지  p.142

하늘을 바라보고 누운 뒤 무릎을 굽혀 산을 만들어요.
손바닥으로 엉덩이 옆 바닥을 짚고, 엉덩이를 들어 올려 튼튼한 다리를 만들어요.
20초 동안 유지해요.

## 6 척추 브릿지 조명 달기  p.186

하늘을 바라보고 누운 상태에서
엉덩이를 들어 올려 브릿지를 만들어요.
한쪽 다리를 직각으로 들어 올린 뒤
다리를 하늘로 쭉 펴 발끝으로 브릿지에 조명을 달아요.
5초 동안 유지한 뒤 반대편 다리로 조명을 달고 5초간 유지해요.

# 7 척추 로켓 준비 p.116

바닥에 엎드린 뒤 고개를 들어 정면을 바라봐요.
숨을 내쉬며 발사 직전의 로켓처럼 등을 활짝 펴요.
다시 등과 고개 순으로 바닥에 내려온 뒤 3번 반복해요.

로켓 준비!

## 8 척추 로켓 발사  p.150

바닥에 완전히 엎드려요. 두 손을 귀 옆에 두어요.
숨을 들이마시며 고개를 바닥에서 들어 올려 로켓을 띄워요.
손으로 바닥을 밀며 상체를 점점 더 들어 올린 뒤
10초 동안 유지해서 로켓을 쏘아 올려요.
바닥으로 내려와 처음 자세로 돌아간 뒤 3번 더 반복해요.

로켓 발사!

## 9 우리 집 식탁  p.176

바닥에 엎드린 뒤 팔꿈치를 직각으로 세우고 가볍게 주먹을 쥐어요.
다리는 엉덩이 너비로 벌려 뒤로 쭉 뻗고 발가락만 바닥에 붙인 채 튼튼한 식탁을 만들어요.
20초 동안 자세를 유지해요.

## 우리 아이 키,
## 필라테스가 답이다

초판 1쇄 2025년 10월 6일

지은이 은지선

발행인 박장희
대표이사·제작총괄 신용호
본부장 이정아
편집장 문주미
기획위원 박정호
마케팅 김주희, 한륜아, 이현지
표지 디자인 변바희
내지 디자인 김아름 @piknic_a, 변바희, 김미연

발행처 중앙일보에스(주)
주소 (03909) 서울시 마포구 상암산로 48-6
등록 2008년 1월 25일 제2014-000178호
문의 jbooks@joongang.co.kr
홈페이지 jbooks.joins.com
인스타그램 @j_books

ⓒ 은지선, 2025

ISBN 978-89-278-8115-5 13510

- 이 책은 저작권법에 따라 보호받는 저작물이므로 무단 전재와 무단 복제를 금하며
  책 내용의 전부 또는 일부를 이용하려면 반드시 저작권자와 중앙일보에스(주)의 서면 동의를 받아야 합니다.
- 책값은 뒤표지에 있습니다.
- 잘못된 책은 구입처에서 교환해 드립니다.

중앙북스는 중앙일보에스(주)의 단행본 출판 브랜드입니다.